――フィンランド
高齢者ケアの
エスノグラフィー

髙橋絵里香

ひとりで暮らす、ひとりを支える

青土社

ひとりで暮らす、ひとりを支える　目次

はじめに　7

第1章　風土　21
1　福祉と天気　23
2　岩礁海域　37
3　心変わりと空　49
4　まとめ――群島町の天候 - 世界　58

第2章　家族　61
1　北欧型福祉国家と家族　63
2　公的ケア、私的ケア　73
3　親族介護　82
4　まとめ――ゆっくりと家族になっていく　95

第3章　地域　99
1　フィールドワークのはじまり　101
2　現場に入る　113

3 慈善、博愛、福祉 126
4 フィールドワーカーのホリズム 141
5 まとめ——コミュニティという幻想 147

第4章 自由 151
1 独居する人びと 153
2 強い選択 164
3 新たな自由 180
4 まとめ——古い自由、新たな自由 196

第5章 記憶 199
1 認知症と社会 201
2 記憶と文化 214
3 まとめ——老いること、忘れること（覚えていること） 236

おわりに 243
参考文献 252

ひとりで暮らす、ひとりを支える

フィンランド高齢者ケアのエスノグラフィー

■おもな登場人物

[お年寄りたち]

アルネ…………街の中心部から離れた田園地帯のお屋敷に暮らしている。

アルフレッドと
　インガ………「老人の家」をよく訪問している老夫婦。

イングリッド…100歳を超える老齢の女性。町の中心部の高層住宅にひとりで暮らしている。

パトリック……郊外の一軒家に独居する高齢者。車椅子を利用している。

マーリット……大きな一軒家で長年にわたってひとりで暮らしている。毎日安全電話のボタンを押す。

ロッタ…………何度も群島町立病院から退院して独居生活に戻った不屈の人。

[ケアワーカー]

サガル…………ホームサービスで働くソマリア出身のケアワーカー。難民としてフィンランドにやって来た。

ピーア…………安全サービスの担当者。

ヒルダ…………ホームサービスのケアワーカー。

[群島町の高齢者ケアユニット]

ギア……………群島町社会・医療福祉部門高齢者ケアユニットのチーフ。

ドロテア………ホームサービスのチームリーダー。

ハンナ…………親族介護支援の担当者。

ブリータ………デイサービスセンター「老人の家」開設時の施設長。

ブレンダ………高齢者の施設入居・退去にかかわる仕事を担当。

[教会関係者]

アグネス………群島町スウェーデン語教区のディアコニ。

ベリット………群島町スウェーデン語教区のディアコニッサ。

はじめに

群島町のこと

この本はフィンランドのとある自治体「群島町」を舞台とするエスノグラフィー（民族誌とも言う）である。もちろん群島町というのは実在の地名ではない。漢字を使っているのは、現地風にスウェーデン語／フィンランド語という二つの言語で表記すると、Skärgårdsstaden/Saalistokaupunki という具合に長くなりすぎるからだ（この本では、特に明記されていない限りスウェーデン語／フィンランド語という順番で原語を表記している。これは、群島町の言語人口の割合に基づいて多数派／少数派の順番を取っているためである）。ただし、町の名前を直訳したのでもない。変名を使うとしたらどんな名前がいいだろうと地元の人びとに意見を求めたところ、この名前になったのだ。

ちなみに他の候補としては「工場町」とか「貧しい町」というものもあって、こちらは町に昔から大きな工場があったことに由来している。最終的には「年金生活者のための合宿」(第3章・第5章参照)に参加しているお年寄りたちに投票してもらって決めた。もう十五年以上前のことである。結果は群島町が圧勝だった。無数の島々からなる町であることこそが地域を代表する特徴だと考えられているのだろう。

本の扉絵に描かれているのが群島町の情景である。この町で生まれ育った友人のヘレナが描いてくれた。画面の手前を歩いているのはケアワーカーだろう。Vネックの上っぱりは町に勤務するケアワーカーの制服であるからだ。大きなカバンを持っているから訪問看護師かもしれない。ホームサービス(日本でいうところの訪問介護)の方は比較的携行品が少ないのである。

歩行補助器やスキースティック、キックスレッジ(sparkstötting/potkukelkka 足で地面を蹴りながら進む椅子つきの橇《そり》)を使っているのはお年寄りたちだ。人びとは夏になるとここぞとばかりに戸外で時間を過ごすし、冬も様々な工夫を凝らして外を歩く。

画面の右奥に浮かぶ島には一軒しか家が建っていないけれども、これは他の家々を省略しているわけではない。この辺りの多島海を航行していると、一戸分の広さしかない小さな島を無数に見かけるからだ。遠方に見えるのは島々をつないでいる黄色いフェリーで、凍てつく海を割って、年間を通じて航行している。冬季には氷に穴をあけて釣りを楽しむ人もいる。

たぶん、このイラストに描かれている年には雪が多く降ったのだろう。ケアワーカーの頭上にあるナナカマドの木がたくさんの赤い実をつけているからだ。秋口になって、群島町のあちこちに生えているナナカマドに実がなると、その多寡によって人びとは今年の冬の積雪量を予測するのである。

扉絵には、そうした群島町の暮らしの断片が描きこまれている。私は二〇〇一年の夏にこの町を初めて訪れ、翌年から一年八か月にわたるフィールドワークを行った。その後もほぼ毎年、夏休みと春休みに町を訪れてきた。それなりの年月を重ねることで、群島町は私にとって馴染み深い場所となっていったのである。

私は文化／社会人類学を専門としている。人びとが日々を過ごす現場について研究する学問で、民族誌的（＝エスノグラフィック）フィールドワークという手法を取るところが特徴だ。昔はアフリカやオセアニアの島々や南米の熱帯雨林といった遠くてエキゾチックな地域を研究対象とすることが多かったのだけれども、現在では人びとが暮らす現場であればどこでも研究の対象とするようになってきている。

これは「文化」とか「社会」といった考え方の有効性が減少しているためだ。人やモノの移動範囲が広がり、インターネットを通じて情報がやりとりされるようになっていくにつれて、国家を安定的な範囲とする「文化」や「社会」という概念は使いにくくなってきた。箭内匡が言うように、例えば「〝日本文化〟や〝日本人〟は、いうなれば、一種の外在的な対象――それとどこか意識的な関係を営むような対象――となった」［箭内 2018：8］からである。つまり、「文化」は人びとの暮らしをかたちづくる上位概念ではなく、暮らしの一部にすぎなくなったのだ。

○○文化、××社会の研究であることを止めたことで、人類学の対象は広がった。例えば最先端の研究所だって所属する人にとっては日常を送る場所であることに変わりはない（実際、最近ではＳＴＳと呼ばれる科学技術についての人類学的な研究が多くなっている）。対象が何であれ、公式の説明ではなくて、現場の実状や人びとの実感、多くの科学によって関係ないと切り捨てられてしまうような日々の些末な事柄に着目するところが人類学という学問の特徴なのである。

ヘルシンキのようなフィンランドを代表する都市ではなく、群島町という人口一万人程度の小さな町を選んだのは、色々な理由はあるけれども（調査に至った経緯については、第3章で詳しく書いている）、私の目で見渡すことのできる限界はこれくらいだという気がしたからだ。そんな小さい範囲のことを調べて何になるのか、という疑念を持つ人もいるだろう。例えばもっと大規模な都市を対象としてたくさんの人からアンケートに答えてもらうとか、国家単位の統計を参照するといった方法なら、もっと普遍的な事実が発見できるかもしれない。でも、ひとつの現象について様々な人びとの視点や関連する事象と結びつけながら深く理解していくことにだって意味がある。

だから私は、群島町の社会福祉サービスや高齢者ケアについて人類学的なフィールドワークを行ってきた。統計的な数字や公式の説明だけではわからないような日々の実践の細部を見ようとしてきた。高齢者、その家族、ケアワーカー、行政の管理職、医療関係者、地元の人……それぞれ立場の異なる人びとがどういう風に社会福祉制度や福祉国家を見ているのか。土地のどのような特徴が、制度の具体的な展開やサービスの提供に影響を与えているのか。人びとは何を大切なことだと考えて老後の生活を送っているのか。実際にケアワークへ同行し（これを人類学では「参与観察」と呼ぶ）、土地の人びとと長年にわたって交際し、一緒に年をとっていくことで、こうした問いについて考えてきた。言うなれば、社会福祉のローカルな固有性の根っこを掘り進めてきたのである。

フィンランドの高齢者福祉制度について研究していますと言うと、日本ではしょっちゅう「北欧型福祉国家だから進んでいるんでしょう？」と尋ねられることが多い。私はいつも答えに詰まってしまう。進んでいる／遅れているという抽象的で単一な尺度を使って、群島町の高齢者ケアを成り立たせている様々な側面を測定することは不可能であると思うからだ。

福祉制度というものは、やる気とお金さえあれば世界中のどんな地域にも輸入可能だと思われている。だから「進んだ」北欧型福祉国家の仕組みを日本にも取り入れたいとフィンランドへ査察や取材に訪れる人びとがいる。でも、そうやって制度を輸入したとしても、それを利用する人間の行動は異なってくるのではないだろうか。公的な制度の背後には家族や地縁関係のあり方、天候や地理など様々な事象があって、それぞれがつながりあいながら制度を成立させている。そうしたもの抜きにして制度だけを抽出することはできない。

それでも、日本では「北欧社会」に対して好奇の視線がことさらに投げかけられている。「北欧型」福祉国家の豊かな暮らし。おしゃれなデザインに囲まれた生活。つい先日も、フィンランドは二〇一九年度の「幸せな国」ランキングにおいて世界で一番幸せな国であると発表された［Helliwell, Layard & Sachs 2019］（ちなみに、このランキングに同意するフィンランド人に出会ったことはあまりないのだが……）。一方で、「北欧社会」にも生きづらさがあることを暴露するニュース、例えば福祉国家の行き詰まりや移民排斥の動きを知ると、やはり楽園には裏があったのだと得心する人も多い。

この本は、遠く素敵な場所に対する憧れの気持ちを募らせるための本ではない。社会問題の有無やその解決方法を検討するための本でもない。フィンランドの高齢者福祉制度について包括的な知識を得ることもたぶんできないだろう。何しろ、群島町はフィンランドを代表する典型的な性質を備えているわけでもないのだから。

この本は風土・家族・地域・自由・記憶という五つの章からできている。それぞれの章では別々の角度から群島町の高齢者ケア制度を展望している。例えば日々の天気に対する人びとの反応、教会の活動、お年寄りの思い出話といった体系的な制度研究には登場しないようなトピックを敢えて取りあげて、そうした微細な糸の先につながっている巨大な福祉国家の輪郭を点描している。

私たちの生活は、巨大なシステムや制度によって規定されている。税金を支払い、保育や教育や社会福祉サービスを利用している。それは日本全国どこに行っても均一で、私たちから切り離された関係ない場所で決められたルールに従っているような気がする。でも、例えば配偶者控除を受けることができる範囲内で働く女性が多いように、税金制度は家族内での性別に基づく役割分業と結びついている。あるいは高齢者向け介護サービスのパンフレットには感謝の微笑みを浮かべるお年寄りのイラストや写真が載っていることが多いけれども、そこからケアワーカーの長時間労働の様子は見えてこない。私たちの日々の経験は、より大きな枠組みと影響しあっている一方で、生活のリアリティは公式の見解とは少しずれていることも多いのだ。

この本は、私たちの日常的な経験と、私たちを取り巻く世界とを結びつけて考えるための糸口を提供するものである。複雑なものを複雑なまま理解するような、そうした世界への向き合い方のきっかけになればいいと思っている。

福祉国家と高齢者ケア制度について

フィンランドの高齢者福祉制度について詳しく知りたい方は、日本語でも多くの書籍が出版されているのでそちらを参照してほしい（例えば［山田 2006］、［笹谷 2013］など。二〇一三年の拙著［高橋 2013］でも群島町の高齢者ケア制度の全容について詳しく記述、分析している）。ただ、この本を読むための基礎知識として、群島町の高齢者ケアサービスの概要と、その背景となる福祉国家としての枠組みについて簡単に説明しておくことは必要だろうと思う。

そもそも「福祉国家」とは何のことかというと、「国民の福祉の向上を目的とし、完全雇用や社会保障を重視する国家」［武川 2011：9］である。この定義に従うならば、いわゆる「先進国」は日本を含めて多かれ少なかれ福祉国家であると言える。ただし福祉の向上にかかわるのは国家だけではない。家族に頼る場合もあれば、市場の提供するサービスを各々が購入する場合もある。

国家以外の領域も含めた福祉の体制を類型化したのが、ヨスタ・エスピン＝アンデルセンの「福祉レジーム（welfare regime）」論である［エスピン＝アンデルセン 2000；2001］。彼は脱商品化、脱家族化、階層化という三つの指標によって欧米諸国を自由主義レジーム・保守主義／コーポラティズムレジーム・社会民主主義レジームという三類型に分類した。

脱商品化は労働者が色々な事情で働けなくなった時に社会に認められた水準の生活をどれくらい維持することができるか、階層化は福祉国家によってどのような社会階層が構造化されるか、そして脱家族化は家族が個々人の福祉のために背負う負担が社会保障によってどれくらい軽減されているか、という指標である。

フィンランドを含めた北欧諸国は社会民主主義レジームに分類される（ただし、フィンランドについてはコーポラティズムに近い部分もあると言われている）。先ほどの指標でいえば、高程度での脱商品化・脱家族化が進んでおり、階層化の程度は低いということになる。つまり市場や家族・地域の役割が少なく、国家の役割が大きいということで、私たちが一般的にイメージする「北欧型」福祉国家とも合致する。

ただ、福祉レジーム論が提唱されたのはもう三十年も前のことで、それ以来様々な状況が変化している。特に、エスピン＝アンデルセンが社会民主主義レジームの特徴であるとした「民間福祉の最小限化」［エスピン＝アンデルセン 2000：122］は当てはまらなくなってきている。例えばスウェーデンでは、すでに二〇一一年の時点で自治体が購入するサービスの八七パーセントが営利企業によって提供されているという［Erlandsson et. al. 2013：49］。フィンランドにおける市場化の流れは少し遅かったけれども、ここ数年で急速に営利企業による居住型介護施設の買収や在宅介護サービスの提供が進んでいる。

群島町の場合、高齢者ケアは都市部と比べるとまだまだ公的な資源によって供給されている部分が多い。料金も都市部より低めに抑えられているようだ。以下に群島町のパンフレットを参照しつつ高齢者向けの社会サービス（socialservice/sosiaalipalvelut 社会福祉の具体的なサービスのこと。詳しくは［シピラ他 2003］を参照のこと）を列挙しておこう。

①ホームケア（hemvård/kotihoito）

訪問看護（hemsjukvård/kotisairaanhoito）とホームサービス（hemservice/kotipalvelu）からなる。高齢者、障がい者、病気の人が対象で、自宅での生活を支える。定期利用者の場合料金は月額で、所得（受給年金額）と週ごとの訪問日数によって算定される。

＊二〇一七年時点で、群島町に暮らす七十五歳以上の人口の一三―一四パーセントがホームケアを利用している。

＊現在のところ、民間企業への外注は行われていない。

②支援サービス（stödservice/tukipalvelu）

（ⅰ）食事サービス：サービス付き住宅エリアの食堂で昼食をとることができる。また、自宅への給食配送サービスもある。いずれも一食七・五ユーロ。

＊ただ、最近は町のレストランが行っている給食サービスの人気が高まっており、そちらに鞍替えする人が増えている。

（ii）輸送サービス：デイサービス利用者のための乗り合いタクシーが運行している。一回三・三ユーロ。その他、障がい者にはタクシーチケットが発行されている。

（iii）安全サービス：警報付きドアと安全電話からなる。いずれも月額二十四ユーロ。詳しくは第4章を参照のこと。

（iv）サウナ・洗濯サービス：いずれも一回につき四・五ユーロ。

③親族介護者支援（stöd för närståendevård/omaishoidon tuki）

家族・親族を介護している人に対する金銭的支援、レスパイトケアの提供、コーチングなど。詳しくは第2章を参照のこと。

④デイサービス（dagsverksamhet/päivätoiminta）

（i）サービスハウス：後述のサービス付き住宅エリアの共有施設。訪問介護のオフィス、安全サービスのオフィスの他にランチを提供する食堂がある。年中行事や誕生日会などのイベントもここで開催されている。

（ii）認知症対応型デイサービス「お日様」：認知症患者に特化したデイサービス。サービス付き住宅群「白樺の郷」の敷地内にある。

（iii）自由訪問型デイサービス「老人の家」：近隣の住民が自由に訪問するタイプの

施設。ただし、契約型のサービスを利用する人もいる。詳しくは第3章を参照のこと。

⑤サービス付き住宅とグループ住宅

（ⅰ）グループ住宅：群島町にはアパートで共同生活を送るタイプのグループホームが三か所ある。一般的なアパートの一室で、四人の居住者がそれぞれ個室を持ち、居間やキッチンを共有する。日中は一人のケアワーカーが常駐している。

（ⅱ）サービス付き住宅：群島町は五つの旧自治体が合併しているが、それぞれの旧自治体にサービスハウスとサービス付き住宅のコンプレックスがある。必要とするケアサービスの量や住宅の形式によって、集中型サービス付き住宅・サービス付き住宅・グループ式住宅などに分かれる。旧群島町には全部で六十三部屋、それ以外の群島部に百三十部屋を擁する。

＊二〇一七年時点で、群島町に暮らす七十五歳以上の人口の六―七パーセントが集中型サービス付き住宅に暮らしている。

（ⅲ）サービス購入：ＮＰＯや私企業が運営するサービスを町が購入している。旧群島町には、「民衆の健康」（Folkhälsan：swe）というスウェーデン語系のＮＰＯが運営するサービス付き住宅・グループホームがあるほか、「小さな静穏」という私企業の運営する集中型サービス付き住宅がある。こちらは二〇一八年に国際的なケアサービス企業に買収された。

⑥施設介護

旧群島町には町営の長期介護施設があり、インターバルケア、認知症ケア、長期療養型介護を提供している（上記のサービス付き住宅は施設介護ではなく、在宅介護に分類される）。ただし、この十年ほど漸進的な脱施設化がすすめられている。

＊二〇一七年時点で、群島町に暮らす七十五歳以上の人口の二―三パーセントが施設介護を利用している。

こうした概況を眺めるかぎり、群島町の高齢者ケア制度は日本のそれとあまり変わらないように見えるのではないだろうか。もちろんサウナは日本にはあまりないだろうが、それ以外に何か斬新なサービスや技術が用いられているということはないし、どのサービスもそれなりに料金がかかる。多くのケアサービスが公的組織によって提供されているところは違うかもしれないが、日本と同じように近年は民間委託が急速に進んでいる。だとすれば、高齢者が暮らしていくうえで、「北欧型福祉国家」のどのような部分が日本の社会福祉制度と異なっているのだろうか。それともあまり大差ないのだろうか。

おそらく、群島町の高齢者ケア制度を特徴づけているのは、制度を取り巻く様々な要素の方である。この本ではこれから、自然環境（第1章）や家族関係（第2章）、地域の様々なアソシエーション（第3章）といった、従来は社会福祉制度の外部にあるとみなされてきた要素、そして人が生きていくうえでどのような指針が重視されているのか（第4章）、そもそも人はどのような存在であると理解されているのか（第5章）という価値観について記述していく。フィンランドの、群島町の高齢者ケア制度を偶有的なものとしているのは何なのかという問いが、日本の制度はどんな事象とつながっているのだろうと考える契機になることを目指している。

なお、プライバシー保護の観点から、この本に登場する地名と登場人物の名前はすべて変更されている。年齢も少しあいまいに書くようにしている。必要と思われる場合は、調査の年月日をあえて明示していなかったり、関係者と協議の上で論旨に影響を及ぼさない範囲で人物の名前以外の属性も変更している場合もある。

それでもこの本には他の人文社会科学にはすくい取ることが難しいような現場のリアリティが込められていると思いたい。もちろん生活の細部に迫るほど一般化からは遠ざかっていくのだが、遠い場所と自分とをつなげる想像力は、自らを省みるためのエンジンとなる。それこそが人類学の存在意義の一つであると私は思う。

第1章　風土

1　福祉と天気

世界を見わたす

群島町に暮らしている時、私はしょっちゅう天気のことを考えている。夏でも冬でも、朝起きたらまずは気温を確認する。今日はどれくらい寒いだろうか。雨は降るだろうか。道に雪はどれくらい積もっているだろうか。子連れでフィールドワークへ行くようになってからは、いっそう天候を気にするようになった。群島町に電車やトラムは通っていないし、バスも幹線道路沿いしか運行していないので、子供が通う保育園まで二キロほどの道のりの移動手段を決定しなくてはならなかったからだ。徒歩が無難なのか、自転車やキックボードを使えるのか、それとも子供を橇《そり》に乗せて引っぱっていくか。

ただし、雪が柔らかすぎても除雪車が砂を巻きすぎていても、橇通園は難しくなる。自分だけで群島町を訪れていたころは、交通の便が悪くても多少の無理や我慢ができたのだが、子供がいるとそうも行かない。厳しい天候の中を移動するということは、おそらく高齢者にとっても意識的な努力を必要とするタスクであるのだろうと想像するようになった。

日々のロジスティクスのためだけに天候を気にしているわけではない。夏の朝、辺りに立ち込めていた靄《もや》が晴れて太陽の光が地表に届きはじめると、世界の見え方は劇的に変化する。夏は天気が変わりやすい季節でもあって、雨が降ることもあるけれど長くは続かない。雨上がりの空は大気中の塵《ちり》が一掃されていつもより青く見えるし、水気を帯びた木々の葉っぱ一枚一枚の輪郭が際立って見える気がする。逆に、空が雲に覆われている日は世界が灰色じみている。

日々の天気だけではなく、季節による変化もドラマティックだ。フィンランドの中では比較的温暖な地域にある群島町ですら、冬季はマイナス二十度を超えて冷え込む日があるし、夏季は三十度近くまで気温が上がることもある。光と緑にあふれた夏と、森や海までが凍りつく冬の落差は大きい。日照時間の差も激しく、群島町は北極圏より南にあるので白夜・極夜にはならないけれども、夏至の頃には午後十一時ごろまで明るいし、冬至の頃には午前十時近くまで太陽は昇らない。

移り変わっていく天候を気にしているのは私だけではない。群島町の人びとは、しょっちゅう天気の話をする。今日はなんて良く晴れているんでしょう。こうも雨が続くと嫌になってしまいますね。出会い頭の挨拶に続いて今日の空模様に対する論評が続く。他に話題が思いつかないからじゃないのと群島町生まれの友人は分析していたが、電子メールでもしょっちゅう天気の様子が書いてあるのだから間を持たせるだけが目的ではないだろう。雪が少なくて本当にがっかりしています。この夏は晴天の暑い日が続いて素晴らしいです。メールの文面からも人びとの一喜一憂がうかがえる。

いつも陽気を意識しているわりに、人びとの行動パターンはどんな悪天候であっても大して変わらない。群島町の保育園に子供を通わせるようになって驚いたことの一つに、どんな大雨や大雪が降っていても園児たちを屋外で遊ばせるというポリシーがある。完全防水・防寒の重装備を着こんで、夏でも冬でも雨でも雪でも、雷が鳴っていない限り子供たちは園庭へ遊びに出ていく。それどころか最近は、群島町にも屋外保育園（utedaghem/ulkopäiväkoti）といって、コタ（kåta/kota サーミの人びとが使うテントを様式としてまねた小屋）での食事と昼寝以外、すべての時間を屋外で過ごすという保育園ができた。

幼児だけではなく、小さな赤ちゃんも外にいる。群島町の目抜き通りを歩いていると、商店の外側に頑丈そうなベビーカーが置いてあるのをよく見かける。スカーフなどで覆われているので幌《ほろ》の下は見えないが、中で赤ちゃんが寝ている場合があるようなのだ。どうやら冬季でも赤ん坊が寒くないように暖かい服をしっかりと着せ、毛布を掛け、ベビーカーの入口を閉じておいて、屋外に停めておくらしい。

盲点というのはあるもので、フィンランドで研究を始めてから十年近く経ち、自分自身が赤ん坊を連れ歩くようになるまで、駐車してあるベビーカーの中に赤ちゃんが寝ているかもしれないとは思いもしなかった。子供を昼寝させようとすると、ベビーカーに入れて外に出たら？　と勧められることが何度か続いて、もしやと気づいたのである。知人にどれくらいの寒さまでなら赤ん坊を外で寝かせるのかと尋ねたところ、マイナス十度くらいまでという答えが返ってきて驚いたものだ。

日本だと非難されそうな風習だが、場所と状況は選んでやっているようだし、窓から様子を確認しているのだからお母さんの目から離れているわけでもない。むしろ赤ちゃんは屋外で寝させる方が健康に良いという考え方に基づいている。これは一九二〇年代にアルヴォ・ユルッポという小児科医が提唱したことだ。「太陽光と風を顔に受けることが健康である」［Ylppö 1923：72］という彼の意見は、当時の子供に多かった結核を治療する意味もあったようだ。実際、ユルッポはフィンランドの乳児死亡率を劇的に下げ、フィンランドの主任医師（Arkiater/Arkkiatri「主任医師」はフィンランドでたった一人にしか与えられない名誉称号で、大統領によって授与される）の称号を四十年間に渡って保持し続けた。

もちろん、現在のフィンランドではそこまで結核を気にする必要はないだろうが、重装備を着こませた赤ん坊を屋内に入れると暑すぎるし、ベビーカーそのものが巨大すぎて室内に入れにくいので、現在でもそれなりに合理的な習慣だと思える。ベビーカーが大きいのは、都会は石畳の道が多いし、地方部でも雪は積もるので、日本のようなコンパクトに折り畳めるけれども華奢なタイヤのベビーカーは使いにくいからだ。

厳寒の屋外に出ていくのは子供たちだけではない。寒中水泳のことをフィンランド語で〝穴で泳ぐ〟（avantouinti：fin）と呼ぶ通り（スウェーデン語だと〝冬のお風呂〟vinterbad：swe という表現になる）、冬の半ば凍りついた海に穴をあけて泳ぐことはポピュラーなアクティビティだ。群島町に暮らす七十代のカロリーナは近所に住む友人の女性たちと海へ泳ぎにいくことを日課としている。毎朝八時半に三人で連れ立って海岸へ泳ぎに行き、帰りに誰かの家でコーヒーを飲むのだそうだ。この習慣は冬季もクリスマスの前日まで続けるのだという。

天候を気にしながら、大人も子供も、どんなに寒くても雨が降っていても屋外での活動を続ける。その方が「健康に良い」という通念が共有されている。生活環境への対処が一定のパターンをとり、それが集合的なものごとの捉え方を生み出すとすれば、人が世界と対峙する身構えは普遍的なものではなく、地域に固有のものである。だとすれば、人びとが生存し続ける技法としての福祉制度もまた、気候の影響を受けているのではないだろうか？

北と南

一般に、「北欧型」福祉国家は北の国らしい制度だと思われている。ものすごく大ざっぱに私たちの中にあるバイアスをまとめるなら、北に行けば行くほど物事の手続きがきっちりとしていて、制度も整っているような気がするからだ。それは、暖かい地域の人びとは時間にルーズでいい加減だけど、のんびりとおおらかで明るいという偏見と対をなしている。

つまり、人間の行動はその地域の地理的・気候的特徴というものによって影響を受けると想定されているのだ。そうした「ある土地の気候、気象、地質、地味、景観などの総称」［和辻 1979 : 9］を思想家の和辻哲郎は「風土」と呼んでいる。彼によれば、例えば寒さのような気象的現象を人間は単独で経験しているのではなく、「我々は寒さを共同に感じる」［和辻 1979 : 14］のであり、風土は人間の精神をかたどるのだという。

和辻の風土論は、モンスーン・砂漠・牧場という三つの類型によって地球上の風土と人間の精神を分類しているように、なんとも大ざっぱなものである。草地の多い欧州は牧場型であり、湿潤な冬季に生える冬草に覆われた牧場的風土では「理性の光がもっともよく輝きいで」［和辻 1979 : 176］るのだという。つまり、欧州では自然が人間に対して温順だからこそ合理的思考が発達し、近代思想の基礎となる自由の観念や哲学や科学が誕生したと解釈されているわけだ。ただし、欧州も広大な地域なので、イタリアのような欧州南部では「日光の力の強まるにしたがって人間の気質は暫次興奮的・感激的になって行く」［和辻 1979：166］し、北に行けば行くほど気質も暗くなると和辻はまとめている。「風土の陰鬱はただちに人間の陰鬱なのである」［和辻 1979：166］という言葉は強い浸透力を持って、今日も日本を含む世界各地において北部／南部地域に暮らす人びとについてのステレオタイプを生み出し続けている。

和辻の風土論は、ヨーロッパ大陸、東アジア一帯、そしてアラビア半島やアフリカ、モンゴル等に見られる砂漠地帯という広大なエリアをひとくくりにしている時点で、自分の目で見て調査できる範囲のことだけを取り扱う人類学の立場とは合致しない。人びとの性格を国や地域によって括るような乱暴な説明は、その説明が流通することで人びとに影響を与える様子を研究することはあるとはいえ、人類学者が真に受けてはいけないものだと考えられてきたからだ。ただ、適用規模を別とすれば、風土と人間集団との往復的な作用によって「我々はどのような人間なのか」という集合的な自己イメージが形成されるという考え方は参考にできそうだ。和辻は欧州旅行中にドイツで目撃した風景について、「広い草地に上衣や肌着を取り去って上半身を裸にした男どもが、芋を洗うようにいっぱいに散らばって日光に浴している光景は、まったく自分には珍しいものであった」［和辻 1979：166］としみじみ述懐している。確かに、私が群島町で見聞きしてきたベビーカーの扱い方や寒中水泳も、その地域の気候や地理に反応する人間の行為が積み重ねられることで慣習となったものである。

では、フィンランドの、さらに言うならば群島町の人びとは、風土との関係においてどのような集合的自己の様式を見出しているのだろうか。もちろん、北方に暮らす人間は陰鬱であるという一般的なイメージは大ざっぱ過ぎるものだ。例えば陰鬱さの指標とされる自殺率で言えば、フィンランドは統計的にそこまで突出しているわけではなく、むしろ日本や韓国と言った東アジア諸国や旧ソ連圏、東アフリカといった国々の方が年齢調整自殺率は高い［WHO 2014 : 19］（自殺は戦争や災害、不況、誰かに助けを求めることを良しとしない社会的風潮などの多くの要因が影響する複雑な社会的現象であり［WHO 2014 : 31］、陰鬱さの原因も様々である。そもそも鬱病と診断する環境が整っていない国々も多いので、比較すること自体が難しいデータであることにも注意する必要があるだろう）。また、フィンランドの鬱病性障害の罹患率は五・六パーセントと確かにかなり高いのだが、オーストラリア、ポルトガル、ウクライナ、エストニア、ギリシャ、ブラジル、アメリカなどの国々の方がより高い数値を示している。南欧のポルトガルや南米のブラジルの方が陰鬱ということになれば、気候とはあまり連動していないように思える［WHO 2017 : 17-21］。

一方で、例えばカロリーナ・コルホネンの人気ウェブ漫画は、シャイで内向的な人柄のフィンランド人男性マッティを主人公としている。『フィンランド人の悪夢（Finnish

Nightmares)』［コルホネン 2017］という原題が示している通り、コメディタッチで描写されるマッティの人嫌いなふるまいはフィンランド人の典型的性格として紹介されている。どうやらフィンランドの人びと自身も陰鬱な「国民性」を言説として広めているようである。それに、WHOによれば自殺対策が国レベルの施策として実施されているのはフィンランドだけであるように［WHO 2014：56］、「人間の陰鬱さ」として捉えられるようなトピックが重要な社会問題であると認識されてきたことは否定できない。

実際、群島町でも高齢者の抑鬱は社会サービスの対象となってきた。日常生活を維持し、社会的接触を保ち、屋外に連れ出すことがケアサービスの一部であると考えられてきたのである。そうしたケアのありようは、人びとが自分たちの暮らす地域の風土と結びつける形で導き出してきたものだと言えるのではないだろうか。

ゴシックの館

二〇一三年二月。ホームサービスの参与観察を行っていた私は、ケアワーカーのマリアに同行してアルネの家を初めて訪れた。アルネは最近になってサービスを利用しはじめたばかりだという人物で、この時点では週に三回、午前中に訪問することが決まっていた。

アルネの家は、群島町の中心部から車で二十分ほど走ったところにある。築二百年は経つという黄色い壁に赤い屋根の二階建て建築は、いわゆるマナーハウス（herrgård/kartano 荘園主の邸宅）であるという。鉄製の大きな植木鉢が門柱代わりになっていて、そこから並木道を辿った先に円形の池を囲むようにして前庭がある。確かに一般的なフィンランドの住宅とはおもむきが異なる「お屋敷」めいた空間である。邸宅に一歩足を踏み入れると、日光のさえぎられた空間が広がっている。応接間にはこの邸宅に暮らしていた人びとの肖像画や古い地図、家族がアフリカへ旅した時に持ち帰った仮面などが飾ってあって、空間を占有するモノの存在感に押しつぶされそうな気がしてくる。

アルネは独居生活を送っているけれども、別居中の奥さんのミアが徒歩圏内に暮らしている。ゲストルームのベッドサイドに綺麗な花が活けてあったり室内が綺麗に整えられていたりするのは、この奥さんの采配であるようだった。

家の一階には、キッチンと書斎、応接間にゲストルームしかない。ケアサービスが主に提供される場所は寝室であるので「上に行っていい？」とマリアが尋ねると、アルネは「降りていく（から来なくていい）よ」と答えた。

アルネのケアプランによれば、シャワー介助と投薬の管理、そして「社会的な能力のサポート（Sosiaalisen tomintakyvyn tukeminen : fin）」がホームサービスの業務であるとされている。しかし、今日もアルネは「シャワーは自分で浴びるから介助は必要ない」と断った。

そこでマリアは一週間分の薬を日毎に分け、すぐに飲めるよう薬収納ケースにセットした。アルネは抗鬱剤を含め毎朝四錠の薬を飲まなくてはならないからだ。その後、ライ麦パンの上にバター・サラミ・チーズ・きゅうりが乗せてあるオープンサンドイッチを四つ準備する。マリアは一緒に外を散歩しようとアルネを誘ったが、こちらも断られてしまった。あきらめた彼女は親族介護支援サービスの申請を勧めて、屋敷を辞去した。

アルネの態度は、行政のサービスなど必要ないと言外に告げているように思えた。ホームサービスの利用者の大半はもっと身体的に衰弱が進んだ状態であることを考えると、そもそも利用契約を結んでいるのが不思議でもある。そこで私は、ホームサービス事務所に帰ってから、チームリーダーのドロテアにアルネのことを尋ねた。

ドロテアによると、七十代前半だというアルネはまだそれほどの年齢ではないし、あまり体調も悪くない。ただ、二十年くらいアルコール中毒をわずらっていて、抑鬱症状に苦しんでいるのだという。だからホームサービスチームにとって一番の課題は、彼を閉じこもった世界から連れ出すことなのだとドロテアは私に説明した。「アルネは何もしない。ご飯も食べないし、お菓子と酒ばかり。着替えないし、シャワーも浴びない。寝る時も普段の服装のままではないかしら」ホームサービスが訪問するようになって三週間経つけれども、今まで誰も二階に上がったことがないのだという。こうした状況については、アルネの奥さんのミアも十分に認識しているようだった。

前にラウラ（民間家政婦サービスのスタッフ）が来るようになった最初の頃も、彼女はアルネに何もさせられなかった。アルネは「二階に上がってはいけない」と言って……彼はそういう言い方はしないけど、でも「大丈夫わたしが降りていく」とかそういうことを言ってね。だから、同じようなことが起こっているわけ。彼は四六時中自分の部屋にいて……その部屋に行けば彼がちゃんと夜に寝ていないこととか、あらゆる問題が見つかるでしょう。彼がとても閉じこもっているから、訪れる人びとには難しいのよ。難しいわね。彼がこういう問題についてどれだけ自覚しているか、私は知らない。なぜなら、彼は人生を遠ざける達人だから。（二〇一五年三月インタビュー）

見知らぬ屋敷に閉じこもる主人。ミステリアスなアルネのことを考える時、私はつい彼をゴシック小説の登場人物になぞらえてしまう。十八世紀に誕生したゴシック小説というジャンルは、中世風の壮大な館を舞台とし、怪奇と懐古に彩られた物語が特徴であるとされる。興味深いのは、これらの小説群においてゴシックな館を訪れる主人公の多くが女性であることだ。余所者《よそ》を拒絶するプライベートな空間であっても、女性ならば家庭教師、メイド、当主の新妻といった役柄を背負って入り込み、家庭に隠された秘密を目撃することができるからだろう。つまり、ケアワーカーはゴシック物語の現代版ヒロインになりうる立場なのだ（ゴシック小説と人類学の類似性については、［髙橋 2015a］でも考察している）。

ちなみに、引きこもりという日本で話題になった社会現象はフィンランドでもよく知られている。家に閉じこもって外に出て行かない若者たちが、インターネットフォーラムで自分たちを「Hikikomero（引きこもりのフィンランド語バージョン。直訳すると汗の部屋、つまりサウナを意味する。略して hikky とも呼ばれる）」であると自称しているくらいだ［Husu & Välimäki 2017］。隠遁生活を送る人は世界中にいるだろうが、Hikikomori が外来語として定着するくらいフィンランドの人びとの関心を惹きつけているのは、屋外に出ていかないということがとても不健康な状態であると一般に理解されている（そして当事者たちがそれに反発している）からではないだろうか。

だからこそ、ホームサービスのケアワーカーたちは、時間に余裕があって相手が十分に頑健であれば、高齢者たちを屋外に散歩へ連れ出そうとする。最初のうちはホームサービスを拒否していたアルネも少しずつ状態が改善していったのだが、そのことを説明する時にもドロテアは「外に出て新聞を取りに行く」ようになったことを回復の兆候として挙げていた（郊外の一戸建ての場合、郵便受けは自宅から離れた道沿いにあり、取りに行くだけでちょっとした散歩になる）。新聞を取りに行っても誰かと遭遇するわけではないのだが、「太陽光と風を顔に受けることが健康である」［Ylppö 1923：72］という前述のユルッポ医師の思想はここにも反映されているのだろう。

だが、孤立が問題であるのなら、もう少し社会生活を送りやすい環境を整えるべきではないのだろうか。誰かと同居するとか、街中に引っ越すとかした方がてっとりばやいのではないかと思える。けれども、アルネの奥さんであるミアは、アルコール中毒と鬱、そして近年は認知症を抱えるようになった彼が街から離れた広い屋敷でひとり暮らし続けていることを受け入れている。「彼は彼の望むことをすべきだから。彼は若いころに幸運な夏をこの家で過ごしたの。彼にとって、この家は一番大切なものなのよ」

実際、アルネに限らず群島町の高齢者の多くが市街地から遠く離れた場所に暮らしている。群島町でも、町の中心部には人が集住しているけれども、少し郊外に出れば途端に住居はまばらになる。そうした散在する家に暮らしているのは、夫婦と子供からなる核家族であることが多い。子供が独立し、配偶者と死別し、やがてひとりになってもその家に住み続けるうちに老年期を迎える。だが、孤立した住居にひとりで暮らしている高齢者の全員が鬱であるわけではない。「鬱」と「孤独」は親和性の高い概念である一方で、「孤独」と「自立」も似通っているからだ。「自立」した高齢者はむしろ望ましい老後の姿であり、「鬱」ではないとされる。

「鬱」と「孤独」、「孤独」と「自立」。それらを分かつ境界線はどこにあるのだろうか。

2　岩礁海域

「群島」へ向かう

二〇一六年八月二十四日。朝靄の立ちこめるなか、公営バスは群島町のバスステーションを出発した。一日に四本しかないバスは、近隣の大都市からやってきて群島町を通り、東島、中島を抜けて、西島まで人を運ぶ。これらの島々は、二〇一一年に群島町と合併するまでは、それぞれ別の自治体をなしていた。

その日、私は中島をめざしていた。この島を訪れるのは初めてだった。バスが向かう先の島々を、（旧）群島町の人びとはわざわざ「アーキペラーゴ（群島）」（skärgård/saaristo）と呼ぶ。（旧）群島町も島嶼地域ではあるのだが、二つの橋によって本土と繋がっている。

それに対して、東島から先の島々へ行くためにはフェリーを使わなくてはならないから、土地の人びとにとっても「島」らしさが感じられるのだろう。

バスはすぐに市街地を抜け、田園地帯を走り始めた。道に高低差はほとんどなく、どこまでも平らな地面が続いている。耕作地と森が交互に現れ、短い橋がアクセントをつける。橋を渡っている時、バスは隣の島へ渡っているのだが、距離が短いので川にしか見えない。時おり緩やかに蛇行する道を縁どるように数本の郵便ポストがまとめて立っている。森の中に散在する家々のものだ。ポストは、森の木々によって閉ざされた小道の先にも人びとが暮らしていることを示唆している。

カントリーサイドの一軒家は、たいていの場合は隣近所の家の様子が見えないほどお互いに離れている。これは十八世紀末から十九世紀初頭にかけて実施された囲い込みという農耕地改革によって隣り合って建っていた家々が引き離され、集落の機能が解体されたことも影響している［Mead 1953 ; Jutikkala 1963］。それまで道の両側に細い帯のように並んでいた農地が、行政の指導によって四角く切り分け直されたことで、道路沿いに並んでいた家々もまた散らばって建つようになったのだ。実際、日本と比べると集落という小さな単位での組織は少ないし、隣近所とのつきあいも義務的なものは少ないように思う。

しかも、群島町のような島嶼《とうしょ》部では、主要な道は島の真ん中を突っ切り、どこまでも耕作地と森をぬって続く。そうした道沿いからの眺めは、日本の島々のような海岸線を縁ど

群島町のカントリーサイド。耕作地と森、家。車道からは離れた辺りに家々が散在している。海は見えない。

道路沿いに並ぶ郵便ポスト。この道の奥に家々があると推測できる。

る道路からの風景とはずいぶん異なっている。海を臨む眺めは岸辺近くに建てられた家々によって占有されているのだ。

これでは「アーキペラーゴ」に来ているという実感がない。はりきって朝からバスに乗り込んだものの、行けども行けども旧群島町とあまり変わらない風景が続くことに少し落胆していると、急にバスは勾配を下り出した。車が海に転落する危険があることを警告する道路標識が視界に飛び込んでくる。フェリーの桟橋についたのだ。フェリーを待ち受ける車の列を追い越して、バスは優先レーンを進む。ほとんど波のない水面を割り進むようにして、カーフェリーが近づいてくる。

群島町の幹線道路は、フェリーと橋によって五つの旧自治体と本土を円環状に繋いでいる。島々をサイクリングしながら周遊することができるというのが「夏の町」である群島町の観光的な売り文句であるのだ。だが、フェリーの航路の一つが五月から八月までしか運航していないので、九月一日には円環が途切れてしまう。群島町には多くの都会に暮らす人びとが別荘（sommarstuga/kesämökki 夏小屋）を所有しており、「夏小屋」と表現されるけれども、春が訪れればすぐに島々を訪れる人も多い。それに九月はまだ欧州大陸の人びとにとってはバカンスの時期でもある。だからビジネスチャンスはありそうなのだが、そうした商売っ気を強く持つ人は少ないのかもしれない。

海を渡っている時も、フェリーはほとんど揺れない。エンジンの轟音と強い風に背中を

海を臨む家。眺めを占有している。

フェリーに並ぶ車の列。天気の良い金曜日の夕方などは、週末を別荘で過ごす人で大渋滞する。

押されるように、数百メートル先の向こう岸がじわじわと近づいてくる。大きな川を渡っているのだと言われれば信じてしまいそうだ。川のような海は何度も分岐し、蛇行しながら無数の島々の周りを取り囲んでいる。

アーキペラーゴのことをフィンランド語では"saaristo"と呼ぶ。"saari"とは島であり、"saaristo"だと「島の集まり」という意味になる。これに対して、同じ単語をスウェーデン語では"skärgård"という。"skär"は「島」ではなく、「岩の多い小島」、つまり日本語でいうところの「岩礁」を意味する単語だ。実際、フィンランドには約十七万九千個の島があるけれども、そのうちの十万個は〇・五ヘクタール以下の大きさだという［Saaristoasian Neuvottelukunta 2009：5］。一万個以上の島々からなる群島町も、本当は群島ではなく「岩礁海域町」と呼ぶべきなのかもしれない。

これらの小さな岩礁と、それからもう少し大きな島々の海岸線に人びとは家を建てて暮らしている。水際に住むのは、桟橋に個人所有のモーターボートや手漕ぎのボートを繋いでいるからだ。海岸線と、その先に広がる迷路のようにいりくんだ海は、個人的な移動手段をもつ住民にしかアクセスできない領域であり、公共の交通機関に開かれている範囲はごく狭い。

だが、冬のもっとも寒い時期には海が完全に凍りつく。一九七〇年代頃までは大寒波の訪れた年には、フィンランドの本土からスウェーデンとの国境にほど近い自治領オーランド諸島まで海上を車で移動することができたと聞く。群島町でも、その時期だけはすべての岩礁が氷によって結びつけられる。人びとは海が凍りつくのを待ち構えていたように、氷に穴をあけて釣りをしたり、岩礁へ木材などの大型物資を運んだりする。だから天気が良くて冷えこみの厳しい日は、どこか祝祭気分が漂っているようだ。余所者に閉ざされた水際の空間は、天候の力によって、時おり誰もがアクセスできる地続きの場所へと変貌するのだ。

ただし、そうした解放感を味わえる日は年々減りつつある。フィンランドの氷上交通は「経済発展、運輸と環境センター（NTM-centralen/ELY-keskus）」の管理下にあるのだが、今のところ群島地域で正式に氷の道が開通したのは（つまり、氷の厚さが五十センチ以上になったのは）二〇〇三年が最後であるからだ［YLE Turku 2012］（ちなみにフィンランドで最も距離の長い氷の道は、ボスニア湾のハイルオト島へ渡るもので十キロメートルほどある。ELYセンターから提供してもらったデータによると、ハイルオトの氷の道の開通期間は七〇―八〇年代には平均して二―三か月だったのが、近年は一か月程度に減少している）。もちろん今も近隣の人びとは非公式に氷の道を利用しているが、氷上に公共空間が出現する時期は貴重なものとなりつつあるのかもしれない。

いずれにせよ、私がバスの窓から眺めた郵便ポストの先、小道の向こうに建つ家々に暮らす人びとが、普段は水際の空間を個人的に所有している。先ほど登場したアルネもまた、そうした人びとの一人であるのだろう。

島に暮らす人びと

群島町の島々には、素朴で可愛らしい名前がついている。羊の島、魚の島、山羊の島、牛の島。

羊の島は北島地区の海に浮かぶ無数の島々の一つである。この島で最後の居住者はドーラという女性で、彼女は二〇一六年に九十歳で島を去るまで、ひとりで住み続けてきた。フィンランドの国営放送ＹＬＥは彼女を主人公としたドキュメンタリーを撮っている［Svenska YLE 2013］。撮影当時八十六歳だったドーラは薪ストーブで料理をし、冬季に水道ポンプが故障すれば雪を集めて水を作っていた。夏至の日には白樺の枝を天井からつるし、楽しそうに歌を口ずさむ。こうしたドーラの「自立した」生活は、ドキュメンタリーの中では描かれていないのだが、実は行政の関係者との話し合いの中で認められ、支えられたものでもある。

群島町高齢者ケアユニットのチーフであるギアによると、ドーラが独居を続けていくにあたっては、医師が診察を行ってドーラに十分な決断能力があることを保証した上で、ギ

凍りついた海に穴をあけて釣りをする人びと。

アを含む複数の行政関係者がドーラの住まいを訪ねて検分し、討議を重ねてサポートを決定したのだという。北島地区のケアワーカーが電話で安否確認を行い、必要なときはホームサービスとして訪れる。羊の島まで行くフェリーはないので、その都度船を出してくれる人を探さなくてはならなかったそうだ。それはなかなかの冒険だったわよ、と北島地区のケアワーカーは語っていた。

ドキュメンタリーの中でも島を歩き回るドーラの覚束ない足取りが映し出されているように、転倒をはじめとする身体的な危険は大きかった。それでも彼女は、「転倒せずに二年間過ごしたとして、それは人生じゃないわ。そして、（私のような年齢の人間にとって）二年はとても高価なの」とギアに説明したのだという。だが、もしドーラが転倒したという通報があったらヘリコプターで救出しに行かなくてはならない。そうした非常事態が発生する可能性があることを想定した上で、行政はこの場所に暮らし続けたいというドーラの願いを尊重したのである。

他の人びとから遠く離れた場所に暮らしていても、ドーラは完全に独立しているわけではなく、遠巻きに見守られている。そうした暮らしぶりを見聞きしていると、トーベ・ヤンソンのことを思い出す。ヤンソンの『島暮らしの記録』［1999］は、「ムーミン」シリーズで世界的に著名な作家・画家である彼女が、パートナーのトゥーリッキ・ピエティラと共にクルーブ島で暮らした日々を綴った本である。舞台は群島町ではないのだが、通じる部分が多いと思う。

ときおり湾外警備隊のヘリコプターが西への道すがら島の上で向きを変える。遠くから轟音が近づいてくると、わたしは手にしているものを放りなげて、岩山を駆けのぼる。ほら、来た。礼を尽くす儀式なのだ。たんなる挨拶といってもよいが。一度、三度と、ヘリコプターは島の上を低く旋回し、溜り水の波を割き、鳥の生態をすこしばかりかき乱し、合図がわりに機体を揺らしてから、目立ちたがりの芸術家がやるように高みへと舞い上がる。わたしはずっとその場に居合わせ、両腕を翼のように広げて、経緯と称賛をあらわす一種のダンスを披露する。

激しい嵐に見舞われた年などは、わたしたちの様子を見るためにヘリコプターは高度をさげるが、けっして天の領域から外れはしないので、互いになにを言っているのかはついぞ理解できずじまいだ。［ヤンソン 1999：95-96］

羊の島のドーラにとって命綱であるヘリコプターは、クルーブ島のヤンソンたちのことも見守っていたようだ。空を飛んでいるヘリコプターは決してヤンソンの暮らす島には降りてこない。岩山を駆けあがり、ダンスを披露するヤンソンは丈夫な足腰を持ち合わせているからだ。ただし、独立自尊の気概にあふれた彼女の姿は、遠くから見守られることで保証されていたことも忘れてはならない。

　ここまで書いてきたように、島々と岩礁が連なる海域では、人々は散在して暮らしている。家々は水辺に立ち、海を臨む風景を私的に保有している。ホームサービスや訪問看護のスタッフと共にそうした家々を訪れるたびに、私は高齢者たちが飽きることなく窓辺に座り、外を眺めているのを目にしてきた。彼らは自宅からの風景を愛しているのだろう。だからこそ今の家に住み続けたいという願いを持つ人もいて、行政は離れ小島の暮らしもサポートしている。自主独立は、群島町の風土から生まれた気風であるのだ。

　だが、多くの人びとはいつまでも海の傍に暮らすわけではなく、やがては家を手放して引っ越していく。

3　心変わりと空

海域を去るとき

ドーラが羊の島から高齢者向けの介護施設に引っ越したのは九十歳の時だった。彼女はドキュメンタリーを放映したＹＬＥからの再インタビューに対して、「心配して、怖がりながら暮らし続けることはもうできない。もうこれ以上は良くならないわ」と語っている［Svenska YLE 2016］。数年前に撮影したドキュメンタリーでは「（私にとっては）老人ホームにじっと座っている必要はありません」と語っていたことを考えると、ずいぶんと大きな心境の変化である。

こうした「心変わり」はヤンソンの『島暮らしの記録』の中でも描写されている。

ある夏、漁の網を引きあげるのがとつぜん億劫になった。土壌は扱いにくく逆らうようになった。怖いと思う以上に驚かされた。まださほど年齢を自覚していなかったせいだろうか。それでも用心のために、わたしは階段を二段ばかり造り、トゥーティは網や取っ手をあちらこちらにとり付けてから、なにごともなかったかのように生活を続けたが、食べる魚の量は減った。

事態は悪くなった。たとえば誓ってもいいが、仕事をする意欲はあるにもかかわらず、煙突の煤払いをしに屋根に登る気がしなくなるときなど。そして最後の夏、許しがたいことがおきた。海が怖くなったのだ。大きな波はもはや冒険を意味するのではなく、もっぱら自分のボートにたいする、ひいては悪天に沖合をいくすべての船にたいする——不安や責任感をかきたてるようになったのだ。じつに不当な反応である。どんな悪夢の中でも、海はいつも頼りがいのある救いだというのに。

（中略）

わかっていた、小屋をも放棄せねばならぬ時が来ていたことは。やむなく強いられる前に退散するほうが格好がいいからねと、わたしたちは互いを説得しあった。とはいえ、あまりにもうるさく言いすぎると耳にさわる。

（中略）

そう、これっきり漁はしないのだ。ごみを海に投げすてるのも、雨水が足りるかどうかの心配をするのも、ヴィクトリア（筆者注：ヤンソンの船）のために不安な思いをするのも、もうこれでおしまい。おまけに、こんりんざい、だれからも気づかわれる心配もない！　けっこう。［ヤンソン 1999：129-137］

この文章を読んだとき、私は複雑な気持ちに駆られた。ヤンソンが「こんりんざい、だれからも気づかわれる心配もない」とはとうてい思えなかったからだ。群島町の高齢者たちは、交通の便の良い場所に住んでいたとしても、たくさんの手助けを受けて暮らしている。人里離れた場所から地区の中心部へと引っ越してきた高齢者たちは、新しい場所で年を重ねるにつれて、再び自立生活を行うための動作が少しずつできなくなっていく。買い物やシャワー、薬の管理、掃除といった一つ一つのタスクをこなすのが難しくなっていくにつれて、自治体や私企業から購入するサービスの種類を少しずつ増やしていく。

陸地に移り住んだヤンソンが、晩年にどのような手助けを必要としたのか、どのような思いでいたのか、私は知らない。だが、群島町の場合であれば、岩礁から引きあげた先に待っているのは終《つい》のすみかである。

「虹」は主に中島地区の住民が入居する集中型サービス付き住宅（Intensifierat service boende/Tehostettu palveluasuminen）である。コの字型の平屋は、この地域の伝統的な建築と同じように壁も屋根も赤く塗られている。屋内の空間は余裕のある造りで、地区住民から寄付されたらしい雑多な家具が置かれている。それでも海岸地方らしい模様のカバーが掛けられているせいで何となく統一感があり、居心地の良い雰囲気が漂っている。

集中型サービス付き住宅は、ケアワーカーが常駐しており必要な介護を受けることができる施設だ。最大二十二名を収容することができ、その中に認知症を抱える人びと向けの棟もある。「虹」には看護師が一名常駐しているが、医師はいない。居住型施設に暮らす人びとは医師によって承認されたケアプランに従って介護されることが法律によって定められており、このプランは三か月に一回更新されなくてはならない。そこで、（旧）群島町にある町立病院の医師が一泊二日の日程でアーキペラーゴの高齢者向け居住型施設を訪れることになっている。前節で描写した私のバス旅行も、この往診に同行するためのものだった。往診を行うのは、町立病院の老年医学病棟の担当医師で、イラン出身のエフサンである。スウェーデン語、フィンランド語、英語、ペルシア語が堪能なインテリで、近隣の大都市に家族と暮らしている。

「虹」のオフィスで、エフサンはコンピューターの電子カルテプログラムを立ち上げ、看護婦のクリスティーナに一件ずつ状況を確認した。エフサンは午前九時半から正午までケアプランを更新し、昼食をとってから、午後◯時半から一時間ほどかけて必要な患者だけ往診を行う。エフサンが判断するのは、主に薬の投与量の増減であり、比較的機械的に作業は進む。ただ、エフサンは患者の代わりにDNRを決定する権利も持っている。

Do Not Resuscitate（蘇生措置拒否）。（旧）群島町の集中型サービス付き住宅の場合はほとんどの居住者にはDNRの決定が下されている。サービス付き住宅の居住者の場合はまちまちだ。DNRの決定が下されていない場合、施設の居住者が体調を崩した場合は近隣の大学病院に運ばれるし、決定が下されている場合は緩和ケアが中心となる。DNRは患者自身が自分で選択することもあれば、医師が決めることもある。決定には色々な要因が入ってくるためにDNRの決定に困難を感じる医師もいるが、自分はある程度ルーティンとして行っているとエフサンは言う。

エフサンはクリスティーナに「虹」の居住者のうちかなり高齢な人びとに対してはDNRについて提案してみても良いのではないかと告げた。こうしたエフサンの態度は別に冷徹であるわけではない。延命治療が受けられる場所はあまりにも遠方にあり、移動は他の人びとから遠ざかることを意味するからだ。実際、別の医師が担当する北島地区のサービス付住宅に居住する人びとは全員がDNRの書類に署名しているという。

岩礁海域の辺境で老いていくことには、ひとり暮らしを続けるにせよ、施設に入居するにせよ、大きな決断が求められる。病院で死ぬのか、それとも今暮らしている場所で死ぬのかという決定（DNR）と結びついているのである。その決定を本人に代わって医師が下すこともあるというのは究極の依存であるように思えるが、その場合であっても独居を引き払うという決定を下すのは（怪我や病気といったやむを得ない場合を除いて）自分自身である。

ただし、選択が人びとにとってどんなに重要な意味を持つものであったとしても、それは必ずしも「不退転」の決意であるとは限らない。

決めたことをひるがえす

九十代前半のベンは、DNRの書類に署名をして群島町（本島）のアパートでひとり暮らしを続けていた。その日、私はホームサービスに同行してベンの部屋を二回訪れた。朝、ケアワーカーのミカエラと一緒に身の回りを整える。午後に今度はカリタと共にもう一度訪れた。彼女がシャワー介助を行っている間に私がベッドを整え、二人で服を着せてから、カリタが掃除機をかける。午後は少し時間に余裕があるので、コーヒーを入れて三人で飲もうと誘った。だが、ベンは食欲がないと気が進まない様子なので、カリタは、コーヒーの前に一口ラムを飲んでみたら、と勧めた。昼間からケアワーカーが飲酒を勧めるなんて！　グループホームや集中型サービス付き住宅では、飲みすぎを防ぐために酒類はケアワーカーの管理下に置かれていることを知っていた私は驚いた。ベンは勧められるままにラム酒を一口飲み（老人は若い頃は船乗りをしていたのだという。だからラムなのだろうか）、それから私たちと一緒にコーヒーを飲んだ。

後から説明されて分かったのだが、ベンは癌の末期であり、半年ほど前に医師から余命いくばくもないと告げられている状態にあったのである。老人は延命治療を拒否して自宅で死を迎えることを選んだ。だから、アルコール中毒の心配をするよりも、少しでも心地よく時間を過ごすことが意図されていたのだろう。

こうして自宅で死を迎えることを選び取っていたベンだが、結局は、それから半年ほど後に町営の長期療養型施設で亡くなった。施設に入居して数週間後のことだったという。それは私たちが老人宅を訪れた数か月後、大みそかの数日前のことであり、ちょうどカリタがそばにいる時だったという。「急に一人でいることが怖くなり、泣き叫ぶようになったのよ。どうしてなのかは分からないけど」と、ホームサービスチームのリーダーであるドロテアは語った。

結局、ベンはカリタの前で錯乱した翌日には施設へ入院し、数週間後に亡くなった。

「それでも彼は、予想よりずっと長く生きたし、その期間を自宅で過ごしたわ。私たちは良いケアをしたと思う」とドロテアは結論づけた。

ケアワーカーたちは利用者の翻意に慣れている。体調の良い高齢者であっても、寒さの厳しい冬になれば自宅生活を続けるのが難しくなるといったことがよく起きるからである。実際、ベンのDNRをめぐる決意が揺らいだのも一年で一番寒くて暗い時期のことだった。逆に、夜の長い冬季には精神状態を心配されていた人が、夏に向かって日が長くなり、暖かくなってくると自然と改善することもある。冒頭で取りあげた引きこもりのアルネも、春を迎える頃にはちゃんとシャワーを浴び、食事をとり、外出するようになった。また、暖かくなってくると、利用者が自分はもうホームサービスは必要ないと言いだすことがある。そうした主張をケアワーカーたちはいったん受けいれながらも、冬になったらまた手助けが必要になるかもしれないと予測する。アルコール中毒の患者が集まる共同住宅へホームサービスと共に訪問した時も、住人たちの状態が良かったことについてドロテアは、「夏は良いのよ。みんな屋外で陽気に飲んでいるから。でも、冬は憂鬱よ……」と述べていた。

この章で描いてきたように、群島町において晴天の日と悪天候の日の違い、夏と冬の違いは劇的なほどに大きい。人の心もまた、天候と共に移り変わっていくものだと理解されているのではないか。だからこそケアワーカーたちは、高齢者の生活状況も自己決定も一時的なものだと受け止めている部分があるのだろう。ただし、それは和辻哲郎が述べたような北へいくほど人びとの心性が陰鬱になるといったシンプルな図式ではない。岩礁の連なる海域が生んだ自立を重んじる気風は、一歩間違えば簡単に孤独や鬱へと転化する。高齢者たちの心持ちは自立と孤独という、どこか似ているけれども相反する二つのありようの間で時間の経過と共に揺れ動いていく。それを人びとが「自然な」過程として受け止めていること自体が、群島町の風土が形づくってきた自己像であるのではないだろうか。そうした理解こそが、高齢者の自己決定を尊重しながらも、翻意に対しては寛大なケアワーカーたちの対応につながっている。

4　まとめ――群島町の天候－世界

群島町に暮らす人びとは、私も含めてしょっちゅう天気のことを考えている。

　これは天候に応じて地表も時々刻々と変化していくからだろう。例えば、雪が多く降った年は海が凍りにくい。海水に雪解け水が混じると、不純物のせいで氷の強度がもろくなるのだそうだ。前述のとおり、群島町の人びとは海が凍りつくのを待ち構えているから寒いのは歓迎なのだが、雪が多すぎるとそれはそれで不都合が生じるのである。

　特に困るのは小さな島々に暮らす人びとである。ケアワーカーのヒルダのお母さんは、東島地区の小さな島に家族で暮らしていた。子供時代には、夏はボートで本島まで送ってもらい、冬は凍結した海を歩いて渡って小学校まで通っていたという。問題はまだ氷が完全に固まっていない時期である。薄氷は危険だから歩いて渡れないし、ボートも氷が邪魔で航行できない。だからこの時期だけは、お母さんは本島の知り合いの家に居候させてもらわなくてはならなかったのだという。

さて、ヒルダのお祖父さんは近所でもその無謀さで名をはせていた。毎年のように、十分凍りついていない脆くて危険な氷海を歩くことで知られていたのだ。これは、自分の島から本島までを歩き、一定間隔で氷に長い金属の棒を差していくつもの穴をあけるためだったという。穴をあけると、そこから海水が噴き出す。この海水は雪と混じりあっていないので不純物が少なく、夜のうちに凍ると頑丈な氷になる。こうして、お祖父さんは娘が少しでも早く家に帰ってこられるようにと、自分の島から本島までの氷の道を作っていたのだ。

天が地表に及ぼす作用と、それにほんの少しだけ干渉する人間たち。群島町の人びとは、天候と切り分けることのできない世界の中に暮らしている。

人類学者のティム・インゴルドは、世界を大地と空に分割するのではなく、「天候－世界」として風と天候の絶え間ない動きのなかに生きる存在として位置づけようと提案する［インゴルド 2017：187］。インゴルドがサーミ（フィンランド北部のラップランドに暮らす人びと）についてフィールドワークを行い、ヘルシンキ大学で教鞭をとったこともあるフィンランドと縁の深い人物であるというのは示唆的である。

群島町の人びとも天候－世界に生きている。だからこそ、世界の変化に影響を受けて、人びとの生活状況や心持ちも変化していく。アルネはいつまであの屋敷に住み続けるのだろうか。ヨットやモーターボートや手漕ぎ舟に乗って岩礁海域を個人的に移動する人びとは、いつまで航海を続け、いつから陸に戻り、いつから他者の手を借りるのだろう。DNRの決定を下した人びとは、どこで死を迎えるのだろう。劇的に変わり続けるフィンランドの天気のように、人びとはみずから選び取った生活を送り、時に心変わりしながら暮らしている。

第2章　家族

1　北欧型福祉国家と家族

クリスマスの夜勤

フィンランドの人びとにとって、クリスマスは大きなイベントである。ほとんどの店舗が営業を停止し、公共交通機関も運行頻度を減らし、多くの人が家族とともに時間を過ごす。日本に家族を残し、単身でフィールドワークをしていた頃は、クリスマスが近づいてくると多くの人から「二十四日はどのように過ごすの？」と尋ねられたものである。友達と祝う予定であることを説明すると皆安心したように頷いていたから、もし私が万が一にもクリスマスを一人で過ごすと答えた場合は我が家に招かなくてはならないと考えていたのだろう。

十二月に入ると「小さなクリスマス」（Lille Jul/Pikkujoulu）という友達や同僚を招いたプレ・クリスマス・パーティーが幾つも催される代わりに、二十四日は家族で過ごすことが慣例となっている。実際、私が友人に招待されて過ごしたクリスマスイブのディナーは、どれも身内だけの小さな催しだった。私にはフィンランドに身寄りがないので、特別に内輪に入れてもらっていたのだと思う。それくらいクリスマスは誰にとってもプライベートな時間である。

だが、そんな時期であってもケアワークには休みがない。ホームサービスは利用者にとっての命綱であるからだ。とはいえ、普段は忙しい群島町のホームサービスチームも、この時期だけはのんびりとしている。普段は別居している家族の元に滞在するなどの理由で、この日だけはサービスを必要としない人も多いためである。例えば普段のホームサービスの夕方シフト（午後二時半から九時）は、一つのエリアに対して三人のスタッフが割り当てられ、平均して十軒を訪問するが、クリスマスの数日間はそれが半分に減る。

ある年の十二月二十五日。私はホームサービスチームのケアワーカーであるサガルに同行し、五軒の家を訪れた。訪問先の人びとの様子は悲喜こもごもだった。昼間は家族と時間を過ごしたと嬉しそうに語る人もいれば、誰とも会っていないと肩を落とす人もいる。そうした利用者の中で、もっとも印象深かったのが百歳を超える長寿のイングリッドである。

イングリッドは群島町の役場からもほど近い高層住宅の一室にひとりで暮らしていた。部屋のあちこちに絵画が掛けられていて、天井からは古くてがっしりしたシャンデリアがぶら下がっている素敵なお住まいだ。だが、サガルによれば、イングリッドには同じ群島町に住んでいる子供もいるのに、誰もクリスマスイブに彼女を訪問しなかったのだという。だからサガルは前日（クリスマスイブ）の訪問時もイングリッド宅に二時間ほど滞在し、話し相手になってあげたそうだ。「イングリッドはとても落ち込んでいたのよ。私には理解できないわ。私には祖父母がいて、ソマリアに住んでいるの。電話ではしょっちゅう話すけれども、もう十七年も会っていない。せっかく近くにいるのに、会いに行かないなんて」サガルはソマリアから難民としてフィンランドにやってきた。当時は近接介護士（märvårdare/lähihoitaja）の教育課程に在籍しながら仕事をしていた。

イングリッドの家に着くと、彼女はリビングルームの肘掛け椅子に座っていた。テレビはついておらず、この日は新聞も発行されないので何かを読んでいるわけでもない。ただ、ひとりで薄暗い部屋に座っている。今日も誰もイングリッドを訪問してくれなかったようだ。サガルは傍らのソファに座ると、ソファの前の低いテーブルにたくさんのクリスマスカードが飾られているのを取り上げて、一枚一枚を見ていった。「たくさんのクリスマスカードが来ているのね！」と送り主の名前を言って、これは誰なの？　と聞いていく。しかし、そのカードは友人や親戚からのものだけではなく、ホームサービスのスタッフからのカードも混じっていた。珍しく名前と定型句以外のメッセージが長々と書いてあるカードがあったので、サガルがそのメッセージを読み上げていったところ、最後に2013と書いてあることに気づき、彼女は一瞬言葉に詰まってから年号を読み飛ばした。

カードを全部見てから、サガルは食事の用意を始めた。配食サービスから届いた食事が冷蔵庫に残っていたので今日届いた分と昨日届いた分を見せると、イングリッドは昨日の分を食べることを選択した。グリンピース、ニンジンのオーブン焼き、ジャガイモのオーブン焼き（これらはクリスマスの典型的なメニューである）を皿にとりわけ、レンジで温める。彼女が食べている間にベッドメイキングをする。枕が汚れていたので、替えを探していると、心配しているのかイングリッドが歩行器を押して見に来た。安心させて、もう食事はいらないと言う彼女にテレビでも見たらどう？　と提案する。スウェーデン語の番組が良いけど、でもムーミンは見る気がしないと言うイングリッドに、あと五分待ったらニュースが始まるから、と説明してから私たちは彼女の家を辞去した。

前述の通り、フィンランドではクリスマスは家族や親しい人びとと共に過ごす行事であるとされている。だが、独居高齢者の全員が誰かとクリスマスを祝えるわけではなく、そうした人びとにとっては孤独感が募る日でもある。こうした家族のあり方は、ソマリアからの難民であるサガルにとっては理解しがたいことであったようだ。次の訪問先へ行くまでのドライブ中、サガルは「私の両親の家には、二十五人が暮らしていたの。おじさんやおばさんやいとこがたくさん」と話し出した。「ソマリアでは、誰かが入院したら皆がお見舞いに行くのよ。親戚だけじゃなくて。フィンランド人は自立していることを大事に思って、人に頼りたがらない」

ソマリアほどの大家族を制度として維持していない日本でも、こうしたサガルの洞察に納得する人は多いだろう。だが、フィンランドでは全般的に家族のつながりが希薄であり、高齢者は家族から離れて孤独に暮らしていると結論づけてしまっていいのだろうか。そこで、この章では高齢者に対するインフォーマルなケアという視点からフィンランドの家族のかたちについて考えていきたい。

フィンランドの家族のかたち

どんな社会にも様々な意味で「ひとりみ」の人間はいる。けれども、親族の紐帯が強く維持されているような社会の場合、未婚者や寡婦／寡夫は親族と同居することが多い。たとえば『「シングル」で生きる』［椎野（編）2010］には、ザンビアのシングルマザーからインドのヒジュラ（去勢し女性の姿で女神に仕える人びと）まで、様々な意味で「シングル」状態にある人びとが仲間や親族や友人たちと助け合って暮らす姿が描かれている。つまり、彼らは配偶者を持たないだけで物理的には孤独ではないのだ。

そうしたいわゆる「伝統的」な暮らしと比べると、フィンランドの「近代的」な家族のあり方はいかにも寂しそうに見える。成人が子供や親と同居する習慣が一般的ではないため、配偶者のいない人の多くが独居状態にあるからだ。国連の報告によれば、百二十四か国の中でもっとも単身世帯率が高いのがフィンランドの四一パーセントであるという［United Nations, Department of Economic and Social Affairs, Population Division 2017］。単身世帯のボリュームゾーンは三十五―六十四歳である一方で、全単身世帯の三分の一以上が六十五歳以上とされているように、単身世帯率の高さには独居高齢者の存在も影響している［SVT 2012］。フィンランドでは、二〇一七年時点での男性の平均寿命が七十八・七歳、女性が八十四・二歳と男女の平均寿命の差が大きく［SVT 2018］、既婚であっても配偶者が先立てば残された者は単身世帯を営むこととなる。だから、イングリッドのような女性の独居高齢者が多い。

単身世帯の多さに加え、結婚のかたちもフィンランドでは多様化している。最初の結婚が離婚に終わる確率は四〇パーセント前後を推移しているし［SVT 2017a］、単身ではない世帯にしめる事実婚家族の割合は二〇一六年時点で二三・二パーセントである［SVT 2017b］。また、二〇一七年に同性婚を認める法律が施行され（それまでは登録パートナーシップというかたちを取っていた）、同年だけで千五百件以上の同性婚が認可された

［Väestörekisterikeskus 2018］。

結婚のかたちが多様であるということは、家族をめぐる具体的なやりとりにどのような影響を与えているのだろうか。例えば、フィンランドでは多くのカップルは子供が生まれてから法律上の婚姻関係を結ぶ。これは、二〇一六年時点で五八パーセントのカップルは第一子が生まれた時点で結婚していないけれども、事実婚の世帯は未成年の子供がいる家庭では全体の二〇パーセント程度であるという統計から推測することができる［SVT 2017c］。つまり、配偶者と恋人の差がはっきりしていないのだ。これはおつきあいしている当人にとっての問題であるだけではなくて、親や親戚にとっても義理の娘・息子と子供のボーイフレンド・ガールフレンドの違いは明確ではないということでもある。

日本の親御さんにとって子供の彼氏／彼女は（少なくとも結婚が視野に入ってくるまでは）あくまでも他人であるとみなされている場合が多いと思うのだが、フィンランドの親世代は子供の恋人を随分と早い時期から身内扱いしている印象がある。もちろん、これまでよく知らなかった相手をいきなり家族であると「感じる」ことは難しいだろう。だが、家庭内の行事において数に入れておくことが求められているようなのだ。例えば、友人との会話中、今日は家族で食事に行くので息子が三か月ほど前につきあいだしたガールフレンドも誘おうと思うのだけれども早すぎるかしら、などという悩みを耳にしたことがある。子供の恋人との距離の測り方は、フィンランドの人びとにとってもなかなか難しいものであるのだろう。

このように、フィンランドでは平均的な家族の形というものが日本ほど大多数を占めていないし、家族になるための手続きもはっきりしていない。こうした状況は、ベックとベック゠ゲルンスハイムが「家族の個人化」[Beck & Beck-Gernsheim 2002]と呼んだ状況に当てはまるように思える。個人化とは、家族の集団としての恒久的な持続性が弱まり、個人が「主体的」な選択によって家族を形成することで、従来は持続的で画一的であった家族の形態や機能が多様化することである。例えば、フィンランドでは結婚が繰り返されることで異なる親を持つ兄弟姉妹が同居するといった事態はまったく珍しくない。一組の両親と血のつながった子供からなる核家族というモデルは、もはや普遍的でなくなっているのだ。その意味でフィンランドの家族制度はまさに個人化が進んでいると言えるだろう。

「家族の個人化」論では、家族の集団としての凝集性が弱まった社会においては、大きな国家による社会福祉制度が家族の機能を代替する役割を果たしていると考えられてきた。「伝統的」な社会においては家族が担ってきた養育・介護といった役割は、「近代的」な福祉国家に委ねられるからだ。実際、戦後に福祉国家としての制度が整備されていったフィンランドでも、一九七〇年には子供による親の扶養義務が法的に否定されている［シピラ他 2003 : 73］。

だから、冒頭で紹介したイングリッドの事例は、個人化と介護の公的制度化が進むフィンランドの典型的な老後のように思える。北欧型福祉国家で暮らす人びとは何一つ不自由していないけれども、実は人びとはバラバラに暮らしていて孤独である。そうしたイメージは、北欧に理想を見出す人を幻滅させ、自国の社会保障制度を肯定したい人を「やっぱり北欧だって幸せじゃないんだな」と勝ち誇らせるだろう。でも、そこまで単純な構図を適用できるわけではない。

福祉制度の整備によって家族の解体が進むというロジックに基づくなら、福祉国家が建設される前は家族の規模が大きく凝集力も強かったことになる。だが、フィンランドでは福祉国家が建設される前から家族の規模は小さかった。特に群島町のあるフィンランド南西部では、十七世紀ごろから拡大家族（複数の世代、複数の夫婦が同居する状態）が減少しはじめた。これは、農地の相続法が変わったことで複数の子供たちに土地を分けられるようになったことや、漁業技術の進歩によって専業漁師を営むことが可能になったことで、親世代と子世代の別居が一般的になったのが主な原因だという［Moring 1993］。こうして工業化の進んでいない地方部でも十九世紀にはもう既に現在のような核家族が主流となっていた。つまり、近代的家族だと考えられてきたものは、福祉国家の成立前から存在していたのである。

では、公的支援がなく、家族とも別居している時代の老人は不遇だったのだろうか？歴史家のデヴィッド・ゴーントはまさにそのように主張した［Gaunt 1983］。しかし、フィンランドの家族史学者ヴェアトリス・モリーンはゴーントの描いた構図に真っ向から反対し、当時フィンランドの南部から西部にかけて一般的に行われていた慣習である隠居契約の歴史資料から、高齢者は子世代と別居していたとしても主体的に自分の老後を計算・選択していたと主張した［Moring 2003］。この論争でポイントになっているのは、人がひとりで暮らすことは孤独であるようにも自立しているようにも見える、という点であろう。それは、第1章から通底しているテーマでもある。

ただ、独居する老人は孤独なのか自立しているのかという二者択一の問いに取り組む前に、確認すべきことがある。そもそも独居高齢者の親族は本当にケアを行政に任せきりにしているのだろうか。

2　公的ケア、私的ケア

家族の影

結論から言ってしまえば、たとえ北欧型の大きな福祉国家が機能していても、家族や親族は高齢者の暮らしに何らかの形で参与している場合が多い。もちろんコミットの度合いは様々である。けれども、たとえ行政による在宅介護が提供されている場合であっても、様子見のために顔を出したり日々の買い物を代行したりするなど、多くの家族は様々な形で高齢者の暮らしを支えている。だから、直接対面する機会は少なくともホームサービスのケアワーカーたちは利用者宅で不在の家族の存在を感じ取るのだ。

例えば八十四歳のエリスは、群島町のホームサービスチームにとって最も遠方に暮らす利用者の一人である。舗装されていない道路を辿った森の奥にある木造の家は、幽霊が棲んでいるという話も伝えられているくらい古いものだ。クリスマスの夜、サガルと私は、イングリッドの家を辞去してから車を走らせ、エリスの家に向かった。

エリスの家はいつもきれいに掃除されているのだが、この日はクリスマスの飾りつけもなされていた。本物のモミの木のクリスマスツリーが据えられ、ジンジャークッキー製のオーナメントがぶら下がっている。テーブルの上にはサンタクロースの手伝いをするエルフの小さな人形が幾つも置かれ、玄関ホールには藁製のクリスマスのヤギが鎮座している。これらを飾りつけしたのはエリス本人ではなく、彼女の子供たちである。

だーれだ？　とサガルが壁に身体を隠して顔だけ覗いて見せると、エリスは嬉しそうにしている。エリスは「昨日までクリスマスで娘の家に行っていたので、今日は疲れているの。（上手く社交的に話せなくて）ごめんなさい」と彼女に告げた。それから玄関のチャイムがちゃんと鳴るかを確認してくれないかと頼んだ。昨日、知らない人が夜中の二時にチャイムを鳴らしたのだという。だが、ボタンを押してもチャイムは鳴らず、バッテリーが切れているみたいだから交換したらいいわよ、とサガルはアドバイスした。それからサガルは夕食の用意を始めた。配食サービスが届けたものではなく、冷蔵庫にストックしてあるレトルトフードの中からエリスが希望したホウレンソウスープを温め、バター付パンと共に並べる。これらの食べ物もエリスの子供たちが買ってきたものである。

食事を終えたエリスに、コーヒーを飲んでいかないかと誘われた。どうする？　とサガルに相談したところ「断ったら悲しむと思うわ」と言うので遠慮なくいただくことにする。とはいえコーヒーを入れるのは我々である。甘いパンとジンジャークッキーをエリスの前に並べ、我々もクッキー二枚とコーヒーをいただく。飲み終われば寝る準備が始まる。洋ナシを一口大に切って器に入れ、バナナを一本添える。飲み口のついた容器二個にフルーツジュースと水をそれぞれたっぷりと入れる。すべてをベッドサイドのテーブルに置き、上からキッチンタオルをかぶせる。椅子型便器をベッドの近所に置く。ベッドの上掛けは半分めくった状態にする。就寝時のモノの配置は細かく決まっているが、毎日まったく同じように行っているから、久しぶりに訪れたサガルでも迷うことなくテキパキと作業を進めることができる。エリスの顔を拭いてパジャマに着替えさせ、トイレまで連れて行って便器に座らせるところまで介助する。寝る支度が整い、ベッドに横たわったエリスの足の下に布団を挟み、彼女が気に入るように細かく位置を整えてから、私たちはエリスの家を辞去した。

帰り道、サガルは「本当に遠いのよね！」とため息をついた。「あんな大きい家に一人で住んでいて！　辿り着くのに二十分はかかるし、業務も一時間はかかるのよ……」エリスはホームサービスチームにとって最も時間を割かれる利用者の一人である。ただし、遠さが意味するのは業務の大変さだけではない。この日は大雪が積もっており、気温も零下十五度近くまで冷えこんでいた。エリスの家は森の中にあって、舗装されていない道は辛うじて車が一台通過できるほどの細道である。木々は枝の先まで雪に覆われ、道の上空にアーチを作っている。雪のトンネルを注意深く抜けて行きながら、「まるでフェアリーテイルみたいよね」とサガルは感想を述べた。エリスの「幽霊屋敷」は確かに妖精物語の舞台のようでもあり、ホームサービスのケアワーカーにとっての「遠さ」をかきたてている。

ただし、エリスの家が本当に外界から切り離されているわけではない。テーブルには孫たちが外国から送ったカードが置かれ、綺麗なクリスマスの飾りつけがされていた。冷蔵庫の食物は家族が買ってきたものであるし、電話の隣には家族の連絡先を書いた紙が大きく貼られている。エリスの家には、家族の気配がいつも濃厚に漂っている。私自身が訪問先でエリスの家族に会ったことはないものの、確かに彼らはエリスの生活を支えていたのである。

ケアミーティングにみる家族

このように、ホームサービスの訪問時には不在で、その気配を感じるだけの存在である別居家族と行政スタッフが顔を合わせる数少ない機会となるのがケアミーティングである。

エリスの家へ向かう道。雪のトンネルを抜けていく。

ケアミーティング（vård möttagning/hoitokokous）は施設入居や退院といった高齢者の居住形態が大きく変化する契機に開かれる会合で、行政のスタッフと高齢者当人、そして多くの場合は家族が参加する。このミーティングのアレンジをしているのが帰還担当官（hem-förlovningshandledaren/kotiuttamisohjaaja）である。この役職は、町立の長期介護施設で脱施設化が急速に推し進められていた二〇一〇年頃に、施設の居住棟を一つ閉鎖することが決まり、それまでの居住者の振り分けを担当する職務として新たに設けられた。当初から帰還担当官として働いてきたブレンダは、施設の縮小が完了した後は、新たに施設入居希望の人を配置したり、病院に滞在していた高齢者が退院する時に新たなケアの配置を考えたりする業務についている。ブレンダの仕事に同行している時、私はそれまでなかなか出会うことのなかった高齢者の家族とたびたび顔を合わせることになった。普段は離れて暮らしている家族も、高齢者の生活状況が大きく変化する際には乗り出してくるからである。

例えば、私が同席したケアミーティングの一つで論議の対象となっていたのは、群島町の中心部に近い高層住宅でひとり暮らしをしている八十代前半の女性バータだった。二〇一三年九月。ケアミーティングに同席したのはブレンダと作業療法士のリディア、ホームサービスチームリーダーのドロテア、同部署で働くタニヤ、バータの娘さんと、その夫である。タニヤは普段はケアミーティングには参加しないが、バータ宅をよく訪問しており、事情を知っているということでミーティングに加わることになった。

この時点で、バータは緊急通報サービスと一日に一回のホームサービスを利用していた。彼女は二年前に卒中を起こし、転倒した状態で二日間誰にも発見されなかったという経験をしている。無事に回復して退院した後、バータは一日に三回のホームサービスを受けて独居生活を再開した。午前六時から十時までと夜間はテレビを見ているので、ホームサービスに邪魔されたくないという希望があり、訪問回数は一日一回に減らされた。バータはホームサービスがやってくるたびに屋外へ出たいと望んだ。しかし、日によっては外出を介助している余裕がない時もある。そこでスケジュールを作成して、週に二回は外出するという取り決めをした。しかし、認知症を患っているバータは取り決めのことをすぐに忘れてしまい、外出できない日は怒りだしてしまうということが続いていた。それで、このままバータが独居生活を続けるわけには行かないと判断した娘さんから、ブレンダのところに施設入居の申込書が届いたわけである。

この申込書を受けてケアミーティングが開かれたのだが、バータは施設に入居するほど状況は悪化していないと、ブレンダは考えているようだった。彼女からは施設介護ではなくサービス付き住宅への入居、また、入居が承認されるまでの応急措置としてデイサービスセンターの利用等が提案された。バータの娘さんからは、彼女が暮らす部屋が暑すぎるので心配であるという訴えがあった。バータ自身も、テレビを見たいのでデイサービスセンターには行きたくないと発言した。

それでも、最終的にはブレンダからの勧めが大筋では受け入れられ、サービス付き住宅への入居待機に加えるべく、行政サイドでのミーティングで検討すること、入居まではデイサービスセンターに週一回通うことが決まった。作業療法士のリディアからの提案により、車椅子の背後に転倒防止用のサポートバーをつけることも決定された。

バータ自身は現在かなり体調がよく、ミーティングに参加した行政サイドの人びとは、バータの問題はむしろ彼女が孤独であることだと考えていた。「社会生活は人をポジティブにする。それがバータに必要なものだ」と後にドロテアは言っていた。実際、バータはホームサービスを使うようになって、それまでは毎日自分のところを訪れて世話してくれていた娘が、毎日は来なくなったと述べていた。だからバータは、当初はホームサービスに怒っていたらしい。現在も買い物はお気に入りの娘婿の担当なのだが、週に十分しか会えないのは充分じゃないわ！　とホームサービスのスタッフに話していたそうだ。

このように、ケアミーティングは家族の希望と行政の状況判断、そして高齢者自身の意向がすりあわされる場として機能する。バータの場合、家族は彼女を施設に入居させることが必要だと感じていたのに対し、行政側はバータが引きこもっていて社会生活が不足していることを問題と認識していた。家族と行政の判断が大きく異なっている場合、家族側の希望が通るとは限らず、健康状態に基づく入居希望者間の優先順位によって後回しにされることとなる。

ケアミーティングは、私自身にとっても、高齢者が家族の中でも特に誰と日常的なコンタクトを取っているのかを観察する貴重な機会だった。バータのミーティングに義理の息子が同席していたように、家族の成員の誰が参加するか決まっているわけではない。別のミーティングで、高齢者の息子の義理の母親が参加していたこともある。この義母はケアワークを職業としており、当事者の状況悪化に気づいて施設入居を申し込んできた当人でもあった。つまり、適格性や関係の近さなど、様々な理由で参加者が変わっているようなのだ。家族とは「親等」の近さで決まるものではないということだろう。

この節で見てきたように、フィンランドのような公的ケアが大きな役割を果たす地域においても、広い意味での家族や親族は、高齢者が行政のケアサービスを受けるための後押しや、公的サービスではサポートしきれない部分をおぎなうといった細々とした手助けを行っている。そうした高齢者に対する私的な支援に関わっているのは、配偶者や実子とは限らない。感情的に近しい距離にあったり、たまたま手助けのためのスキルを備えていたりする人びとが、様々な立場から家族（親族）として高齢者介護に関わってきたのである。

こうした家族・親族関係の多様性・非規則性は、公的ケア制度の内側にも反映されている。それが親族介護支援制度である。

3　親族介護

職業としての親族

日本でいうところの家族介護のことをフィンランドでは親族介護（närståendevård/omaishoito）と呼ぶ（フィンランド語で家族介護 perheenhoito というのは、見ず知らずの人を家に引きとって介護するサービスである）。この親族介護者を支援することを定める親族介護支援法（Lag om stöd för närståendevård/Laki omaishoidon tuesta）が施行されたのは二〇〇五年のことである。この法律によって、親族介護者に対する現金給付（給与）・レスパイトケア（休暇）といった保証がなされることになった。その意味で、この法律は家族、親族による介護を制度化し、介護者を労働者に準じるとみなすものであると言えるだろう。

興味深いのは、この法律によれば親族介護とは「高齢者、障がい者、あるいは疾病者のケアを親族、あるいはケアを必要とする者の側にいる誰かの助けによって行うこと」と定義されている点だ。つまり、制度的には介護者が血縁・姻戚関係にある必要もないのだ。実際、この法律を受けて対象を拡大した行政の親族介護支援により、制度上の「親族」の範囲は拡大した。群島町の場合、町に登録された親族介護者は、二〇〇一年には八十二人だったのが二〇一一年には百二十三人にまで増えている。百二十三人の親族介護者のうち、夫婦間、子供や親の介護の他に、少数ではあるけれども隣人や親戚と言った関係者が含まれているのである。

これは、特に群島地域の場合、遠隔地まで行政の手が行き届かないことが理由であるという。たとえば、高齢者に昼食を届ける配食サービスは、冷凍ではない食品の配達にかけられる時間が法律によって制限されているので、キッチンから遠く離れた地域やフェリーが運航していない島々に暮らす人はサービスを受けることができない。こうした地域はホームサービスが日参するのも難しい。だから、近隣に暮らす息子の妻の兄弟の妻や、近所に別荘を持っている隣人といった比較的「遠い」関係にある人びとが、群島町では親族介護者に任命されているのである。自治体の親族介護担当であるハンナも群島地域には特別な配慮をしていると語っていた。その人物以外、近所に誰も介護できる人がいない場合、市街地であれば高齢すぎて認められないような人や、ただ様子見を担当しているだけの人に親族介護者を請け負ってもらう場合もあるのだそうだ。このように、親族介護支援制度は、土地の事情に合わせたフレキシブルな運用がなされているのである。

親族介護の苦しみ

ただし、群島町にはこうした例外的なケースが一定数存在する一方で、親族介護の大半は配偶者間の介護であり、親子間の介護も他の関係と比べれば多いということは注意を払っておく必要があるだろう。どんなに公的ケアサービスが充実していても、家族の成員に対する道徳的な義務感がまったく存在しないということではないのだ。

アンネは仕事を定年退職した三か月後に母親と暮らし始めた。アンネの夫も彼女より数か月早く仕事を退職していたので、二人は旅行や趣味に時間を費やす計画を立てていた。ところが、彼女の母親が暮らす町（群島町から百四十キロほど離れている）から電話がかかってきて、母親が転倒して骨折したと知らされたのだという。すぐに大病院で手術が行われ、その後に地元病院の入院棟に移された。しばらくの入院の後に、行政は母親が自宅で生活できるかを判断するために、四日間の試験的退院を決定した。しかし、アンネにはその四日の間に母親が死んでしまってもおかしくないと思えた。そこで、母親を介護施設

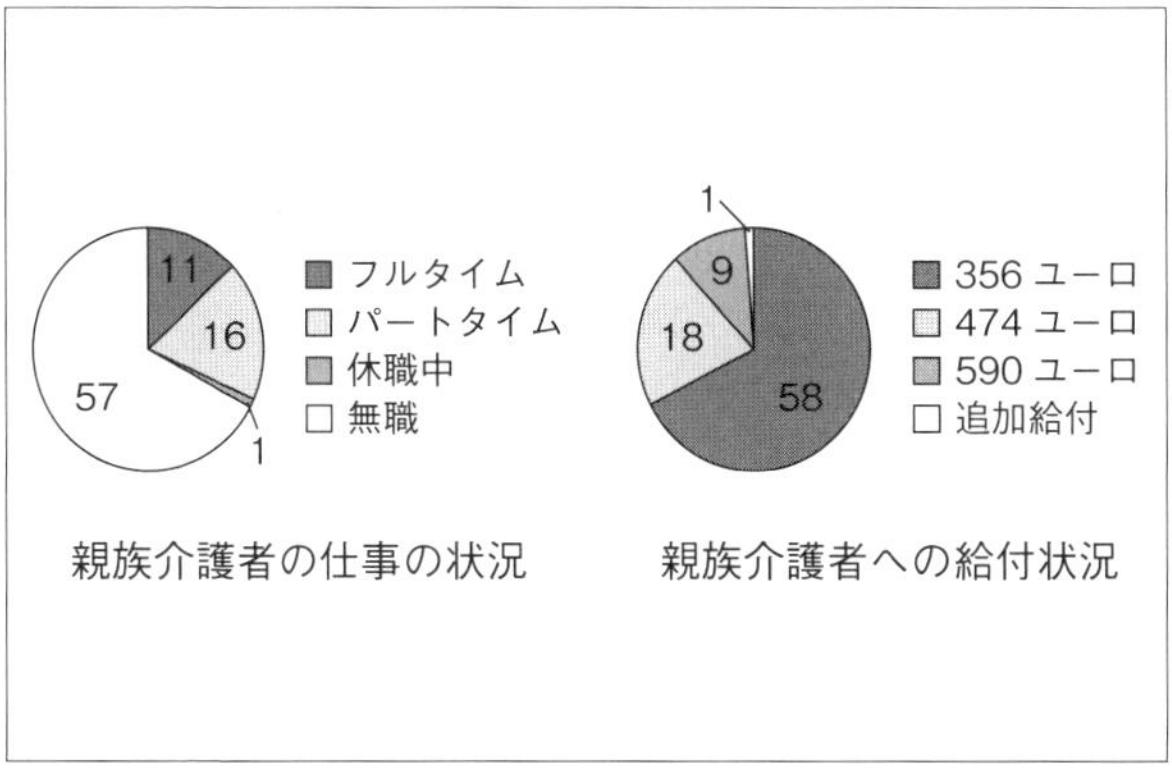

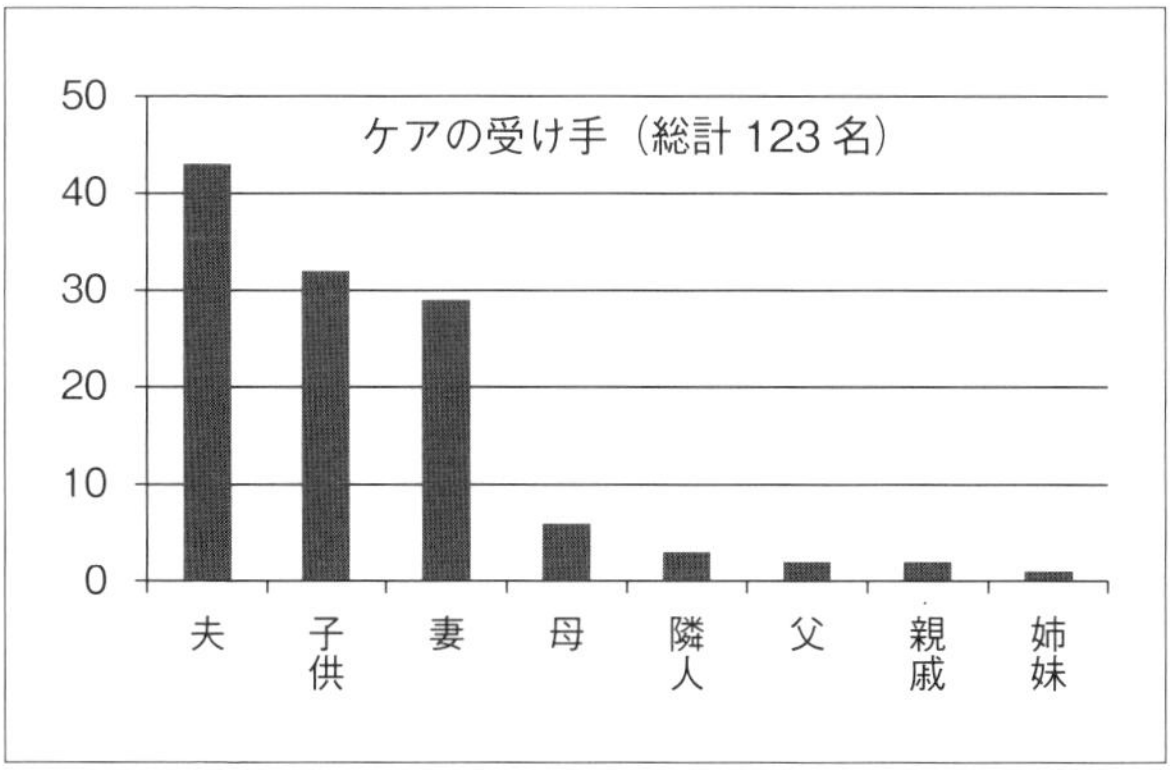

親族介護の受け手の与え手との関係性（2011 年）

に入居させることを検討したのだが、アンネの二人の娘は自分たちの祖母が施設に入るべきだというアンネの見解に動転した。「よくわかったわママ、あなたが年を取った時にどういう風に扱われるべきかってことが」それはアンネにとってもつらい言葉だった。「彼女は彼らにとっておばあちゃんだけど、私にとっては母親なのよ。そこには大きな違いがあるわ」

しかし、アンネが実際に母親と同居して介護を始めると、娘たちはその大変さにすぐ気がついた。今度はアンネよりも娘たちの方が、母親の施設入居を積極的に勧め始めたのである。最終的には「帰還担当官に電話して。お母さんがしないなら私が電話するわ」という申し出に従うかたちでケアミーティングが開かれた。参加者は、メモリーコーディネイター（認知症患者の支援計画を主に担当する役職。詳しくは第5章を参照のこと）のヨハンナ、帰還担当官のブレンダ、ホームサービスチームリーダーのミンナ、そしてアンネと娘たちである。

だが、アンネはケアミーティングに乗り気ではなかった。「ミーティングでは、〝母とはもうやっていけない〟と言わなくちゃいけない。〝もうどうにもならない〟って。でも、言えなかったの。だって、身体的にも大変だったけど、それよりも精神的につらかったから。娘に言うことはできたけど、でもヨハンナやブレンダには言えなかった。だけど言わなくちゃいけない。そうしなきゃ、理解してもらえないんだから。ミーティングでは、私はただ〝もう続けられない〟としか言えなそうだった。だからその言葉を私は何度も何度も（練習のために）繰り返したのよ」

精神的負担は、アンネのように周囲からのプレッシャーで介護を引き受けた場合にのみ生じるのではない。自発的に親族介護者となることを選択したとしても、介護するということは近しい人の変化に直面することであるからだ。

親族介護者のアンニカは、インタビュー時点で近所の家にひとり暮らす実母の介護を三年半にわたって引き受けていた。公的ケアに任せることもできたのになぜ自分で母親を介護することを選択したのかという問いに対し、アンニカは以下のように答えた。

「何年か前に仕事場で会合があったんだけど、そこで誰かが言ったのよ。自分は絶対に親族介護は引き受けないわって。（中略）それで、本当に髪の毛が逆立つような気がしたわ。そんなこと言えないわよ、もし自分の兄弟姉妹が、自分の子供が、自分の親が病気だったらって考えたら。その人物が近い存在だったら〝引き受ける〟（ryhtimistä：fin）なんて言えない。ただ、そういう状況に〝なる〟だけで」

こうした感情的で倫理的な思いから母親の介護を引き受けたアンニカであっても、自発的な介護であれば苦労がないということではもちろんない。どのような部分が一番大変であると感じているかという私の問いに対して、彼女は次のように語った。

「そうね……たぶん、身体的な状況ではないと思うわ。大便のついたパンツを取り替えることに慣れることはできないけど……（中略）でもそれが最悪じゃないわ。母が母じゃなくなることが辛い。時々彼女が訊ねるの、あなたたちは誰かって。お母さん、私はあなたの娘よって……。（中略）たぶん他にも、遠い親戚がどうやって〝記憶の病気〟（認知症の慣用表現。第5章を参照）に向き合えばいいのか分からないときもね。どういう意味か理解するってことじゃないのよ。個人的な経験がないとき（が辛い）」

こうした親族介護の精神的負担はフィンランドに特有なものではないだろう。だが、家族／親族介護を行う人びとを取り巻く環境は大きく異なっている。例えば行政の親族介護支援制度において、親族介護者が休息をとるために代理として派遣されるケアワーカーのことをスウェーデン語で「重荷を減らす者＝avlastare」と呼ぶ（ただし、フィンランド語では lomittaja＝間に入る者と呼ばれている）。公的な支援制度は親族介護者をケアワーカーに準じるものとして保障すると同時に、負担を軽減すべき存在として支援する。この二つの視角の違いは、制度を稼働する過程においても浮き彫りになっていく。

家族と専門職の違い

家族と専門職の違いは感情的な重さだけではない。親族介護者としての介護能力についても異なる判断が下される。この章で説明してきたように、群島部では、見守りのような比較的軽いタスクが中心であっても親族介護者として認定されるケースがある。だが、市街地に住んでいる場合でも、特に配偶者間の介護においてはケアテイカー自身も高齢化していくことは避けられない。年を取っていけば、介護のスキルを維持できなくなっていく。例えば介護者の認知症が進んでいった場合、親族介護者としての資格を失うのだろうか。

ビョルンとマルガリータ夫妻は市街地の高層住宅で二人暮らしを続けていた。二〇一三年二月。私はホームサービスチームリーダーのドロテアとメモリーコーディネイターのヨハンナ、そして親族介護支援担当のハンナと共に夫妻のケアミーティングに参加した。九十代前半のビョルンと八十代後半のマルガリータが暮らす部屋は広々としていて、あちらこちらに油絵が飾ってあり、天井からはシャンデリアがぶら下がっている。

会合は、親族介護者であるマルガリータに対して、行政サイドが様々なサービスの利用を提案し、夫妻の二人の娘たちが加勢するという形をとった。ドロテアがホームサービスについて色々と提案するも、マルガリータは「必要ない。全部自分でできる」と突っぱねる、といった具合である。ドロテアが「スーパーまで行くのはいいけど、ジャガイモみたいに重い物を買う時はホームサービスに任せたらいいんじゃない？」とくいさがると、娘たちは同意していたが、マルガリータは不服そうにしていた。認知症患者向けのデイサービスやアルツハイマー患者の自助グループ会合についても「その日はフィジオセラピーも来るし忙しいから……」と難色を示している。「せめて安全電話はどう？」とドロテアが提案すると、これについては受け入れるような姿勢をみせた。そこでドロテアは間髪いれずに料金やシステムを説明しながら、その場でサービス申込みの書類記入を済ませ、マルガリータにサインしてもらった。

次にヨハンナとハンナが親族介護支援制度のレスパイトケアについて説明すると、娘たちが「良いじゃない！　お母さんが劇場に行っている間、お父さんを見てもらえるんでしょ」と熱心に賛意を示したので、今度ヨハンナとハンナが再訪することに決まった。その後、多くの薬を服用しているマルガリータにＫＥＬＡ（医療保険制度）の助成金を取ることを勧め、薬の組み合わせに問題がないかインフォメーションセンターに来て薬剤師に相談するように、と伝えてミーティングは終了した。

行政側の参加者たちが様々なサービスを提案しているのは、決して押し売りをするためではない（そもそも営利企業ではないので、利用者が増えることが業績になるわけではないのだ）。マルガリータがサービス利用に消極的なのは、自身のニーズを把握していないからではないかと考えていたからだ。つまり、このミーティングにおけるケアの受け手はビョルンであり、親族介護者として登録されているのはマルガリータであるのだが、マルガリータもまた支援の対象とみなされているのである。また、ミーティングに同席した娘たちも重要な役割を果たしていた。彼女らは行政側の提案を後押しするだけではなく、両親に対する介護者として情報を提供している。つまり、親族介護者の介護者であるのだ。娘たちの関与は、夫妻のその後のサービス利用からも見てとることができる。

こうして親族介護者として認定されたマルガリータだが、その後もホームサービスとの協力体制の確立は難航した。ケアワーカーのカタリーナと夫妻宅へホームサービスで行った時のことだ。朝の十時ごろだったが、既に娘のフレデリカが来ている。フレデリカは入院時に借りた歩行補助器をどうしたらいいだろう？　とカタリーナに相談した。前週にビョルンが転倒し、短期間だが入院していたのである。カタリーナは自転車で来ていたので補助器を預かることはできないと説明した。フレデリカは父親の補助器は自分で病院に返しにいくことを了承したほか、ベッドを病院用のベッドにしたいという要望も伝えた。

フレデリカが出かけている間に、私とカタリーナでビョルンを起こし、洗面、着替えを手伝った。その間、マルガリータはキッチンで新聞を読んでいた。カタリーナがビョルンの洗面を補助していると、マルガリータはフレデリカへ電話をかけはじめた。「買い物してきてくれる？　冷蔵庫の中に食べ物がないわ」電話向こうのフレデリカは同意した模様だった。ところが、業務を終えた私たちが家を出る直前にフレデリカが帰ってきて、マルガリータに「冷蔵庫の中は食べ物がいっぱいあるのよ」と伝えている。つまり、マルガリータは食べ物がないと思いこんでいたのである。どうやら彼女の認知症が進んでいるようだ。

翌日、チームリーダーのドロテアが娘さんからベッドのことで連絡があったと教えてくれた。ただ、ベッドの件の他に、今は一日三回のホームサービス訪問を二回に減らしてほしいという要望があったのだという。これは娘さんではなく母親からの申入れを伝言している様子だったらしい。ドロテアは親族介護支援担当のヘレンに電話するわと応答し、通話終了後にすぐ連絡をとっていた。この要望についてドロテアは、ホームサービスが本当に必要がなくなったのではなく、マルガリータの精神状態（認知症が進んでいること）に起因する問題ではないかと考えているようだった。

その後も、ホームサービスからはマルガリータの変調を伝える報告が続いた。例えばホームサービスが夕刻に訪問すると、マルガリータが普段は朝に飲む習慣のコーヒーを作っていたという報告があった。しかも、ケアワーカーがビョルンをパジャマに着替えさせた後で、今度は二人で夕方のお茶を飲みはじめたのだという。カフェインを多量に摂取してしまったために、二人は遅くまで起きていたのではないかとドロテアは推測していた。なぜなら、翌朝は二人ともなかなか目を覚まさず、ホームサービスのスタッフが彼らを起こすのに苦労したからである。

なぜ認知症をかかえ、ケアの与え手でいることに支障をきたしているマルガリータが親族介護者を続けていたのだろうか。この件について尋ねると、親族介護支援担当のハンナは「彼らの選択がベストなものじゃなかったとしても、それを尊重しないといけないわ。

でもそれってすごく難しい」と私に語った。「私はいつも、もしこの人を親族介護者でなくしたらどうなるのか？　と考えるようにしているの。マルガリータはきっと親族介護者でなくともビョルンの世話をするでしょう？　それだったら、サポートはあった方が良いわ。ただ、給料（金銭的支援のこと）は中止して、サービスだけは続けることになるかも。前にもそういうケースがあったのよ」このように、親族介護者自身のケアニーズが増加しているとき、親族介護支援制度は介護者に対する保障から介護者に対する支援へとサービスの目的を移行させていくのである。

こうした保障と支援の間の揺れに加えて、行政は、親族介護者としての登録と支援に値する「介護」と、家族を持つ人ならだれでも行っている「扶養」の線引きも行わなくてはならない。群島町の親族介護支援認定基準には、「例えば家事や家の管理といった家族への手助けについては、既存の医療・社会的ケアを利用すること」、病気や障害を持つ子供に対する介護については「同じ年の健康な子供に対するケアの負担を差し引いて支援することと」（以上、行政文書からの翻訳）が明記されている。実際、群島町では三歳以下の子供を持つ親が介護者として認定されたことはないという。なぜなら、障害の有無と関係なくどんな赤ん坊も多くケアを必要とするからだ。それはすべての親・家族が行っていることであるから、別の部署（家族サービス）の支援対象となるのである。

だが、実際には群島地域において様子見や食事の準備といった一般的な「家族間の手助け」を行っている人びとが、他の手段が存在しないために親族介護者として認定されている。また、マルガリータのようにはじめのうちは「親族介護」の範疇に入るようなケアを行っていたとしても、自身の病状が進行することでケアの内容や能力が縮小していく場合もある。境界線を引くという実際の作業は、公的な制度の枠組みから想像する以上にややこしいものであるのだ。それでも、「私たちの仕事は、外からの助けなんて必要ないと言っている人たちに、受け入れてもらってこういうのも悪くないと思ってもらうことなのよ」とハンナが語っていた通り、親族介護支援はギリギリまで親族介護者の適用範囲を拡大し、その裾野を広げようとしている。

その後、ビョルンは体調が悪化したために町立の長期介護施設へ入居した。マルガリータの方は町のＮＰＯが運営するサービス付き住宅に引っ越した。十二月二十四日だけは子供たちの家で時間を過ごすけれども、翌日にはまた施設に戻ることになっているらしい。

多くの家族にとって、やはりクリスマスは普段は離れて暮らしている人びとが顔を合わせる機会なのである。

4　まとめ——ゆっくりと家族になっていく

この章では、福祉国家が家族の代わりに高齢者の面倒を見ることで家族の絆が薄くなるのではないかというよくある懸念をスタート地点として、群島町の高齢者ケアの現場にみられる家族の姿を描写してきた。フィンランドのように福祉国家が整備されており、公的なサービスが利用可能な状態にあっても、それは家族の手助けが必要ないということではない。ケアサービスを利用するための会合や、高齢者の生活を少しでも居心地良くするような気遣いは、様々な関係の束からなる家族・親族が動員されることによって可能となっている。彼らは行政のサービスと協力し合いながら、高齢者の暮らしを支えているのである。

これまで非公式に実践されてきた家族・親族のケアを、近年拡大を続ける親族介護支援制度は公的ケアの領域に取りこもうとしているようにも見える。だが、実際には常に支援制度の認定から漏れていく介護関係も存在する。何が行政の支援に値する親族介護であるのかは、その都度個別の状況に応じて判断が下されているようだ。そこに明確な解があるわけではなく、行政は手探りで公的ケアと私的ケアの境界線の在《あ》り処《か》を探りつつ、高齢者とその家族を支えている。

このような家族・親族のあり方を理解するにあたって参考になるのが、文化／社会人類学で用いられてきた「関係性（relatedness）」という考え方である。ジャネット・カーステンは、マレーシアの漁村についての研究から、親族とは必ずしも血縁という生物的なつながりを前提とした関係ではないと主張した［Carsten 1995］。カーステンが調査した人びとにとって、親族であるという「関係性」を保証しているのはもともと「血がつながっている」ことではない。同じかまどで調理したご飯を食べること、寝食を共にすることによって、身体の中身が共通のものへと変質していく過程で関係性が生じると考えられているのである。関係性という概念は、流動的な親族のあり方に着目するための視角として、人類学的研究の中で広く応用されていった。離婚、再婚、同性婚、国際養子縁組、生殖医療といった様々な制度や技術の普及によって、親族は固定的な関係ではなくなってきつつあるからだ。

フィンランドの家族のあり方もまた、ケアを通じて醸成される様々な関係性によって輪郭がとられている。例えば親族介護者として公的な支援を受けることで、隣人や遠い親戚が制度上はもっとも近い「親族」となる。公的サービスを利用する場合も、例えば高齢者と日常的に接している人びとがケアミーティングに参加し、その後もケアワーカーとの協働体制を築いていたように、制度と実践の往復関係の中から家族はかたちづくられるのである。

もちろん、冒頭で取りあげたイングリッドのように家族との縁が薄い人もいる。だが、どこの社会にも結びつきの強い家族もあれば、家族とうまくいかない人もいるだろう。ただ、そうした人びとにも家族以外の誰かとつながるためのチャンネルは残されている。その一つがイングリッドのために憤るサガルのようなケアワーカーたちであったのだ。

そのようなチャンネルが確保されているフィンランドは、日本と比べて恵まれているのだろうか？　そう結論づけるのも早計であるように思う。日本にだって、私たちが「典型的な」家族（つまり、婚姻関係にある男女と子供からなる核家族）の形だと信じているものから外れるような家族はいくらでもいるはずだ。それに、私たちも様々な関係者に助けてもらいながら誰かをケアしているのではないだろうか。これまで否定的に捉えられることが多かっただけで、イレギュラーな関係性自体はどこにでもある。フィンランドにおける家族とケアのあり方は、私たちの私的なケア実践について新しい目を持って振り返ってみるための契機でもあるのだ。

第3章　地域

1　フィールドワークのはじまり

群島町の発見

フィンランドに行こうと思いついたのは大学院修士課程二年の時だ。当時の私は、博士課程に進んでから行うことになる実地調査の候補地を探していた。

文化／社会人類学という学問の特徴は、長期間のフィールドワークという方法にある。一つの地域に住みこんで地元の人と深くつき合う。その地域のことをありとあらゆる側面から知ろうとする。そういう迂遠なやり方は他の学問と比べると非効率的に感じられるけれども、対象について現実に即した形で掘り下げることができる。人類学のアプローチが「現場を内側から理解するための方法」［小田 2010 : 7］であるといわれる所以である。

だから駆け出しの人類学者にとって「フィールド」を選ぶことは重大事である。その場所にこれから長いあいだ通うことになるのだし、そこに暮らす人びととはもしかすると生涯に渡ってつきあっていくことになるかもしれないのだから（ただし、最近は複数の地域を横断的に調査したり、サイバー空間を調査したりする研究者もいる。もちろん自分がこれまで暮らしてきた場所で研究する人も多い。その場合でも、長くつきあっていく現場を持つという点は変わらない）。私は修士論文でアメリカ合衆国の老人ホームについての文献研究をしていたので、順当にいけばアメリカのどこかで調査することになる。でも、これまで読んできた民族誌に登場するアメリカの老人ホームは支払う価格によって受けることのできるサービスに大きな落差があるようで、「よいケア」とは何かという問題について考えるためには少々不向きであると思えた。

大きな福祉国家に行ってみよう。そう思い至ったとき、我ながら安直なのだが北欧諸国を連想した。社会保障といえば「北欧型」福祉国家と言うではないか。五か国のうちのどの国でも良いけれども、人類学なのだから「文化」的な特徴がありそうな国が望ましい。フィンランド語は他の北欧諸語とは系統が異なるし、歴史的にはロシア帝国の一部だったこともあるので、もしかすると社会構造に異なる部分があるのではないか。そんな漠然とした見込みでフィンランドを選んだ。特にフィンランドという国に憧れていたわけでもなかったし、詳しい知識をもっていたわけでもなかった。

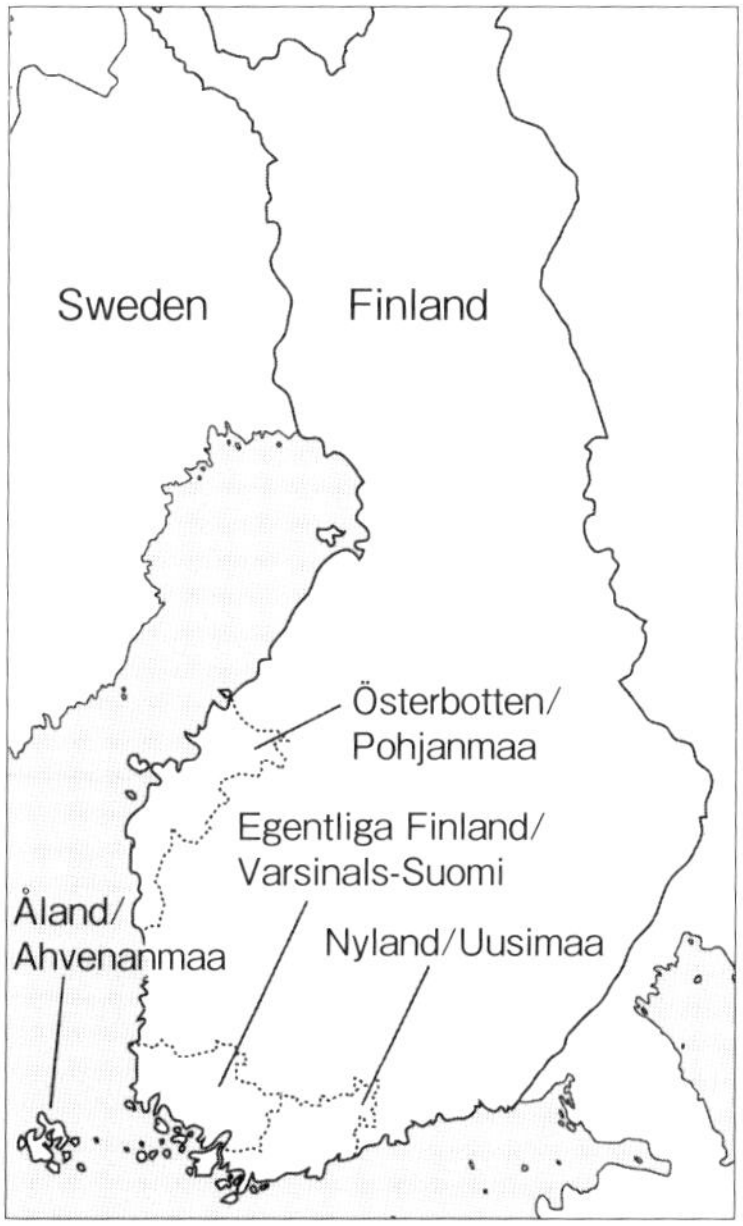

フィンランドのスウェーデン語話者が多く暮らしている地域。それぞれ県の名前が示してある。

一口にフィンランドと言っても日本と同じくらいの国土面積があるわけで、具体的な調査地を選定するまでの道のりはまだまだ遠かった。何しろフィールドワークという方法を取るかぎり、自分の足で見て回れる範囲のことしか調査できない。もっと地域を絞り込んでいく必要があったのだ。ただ、ぼんやりとではあるけれども、フィンランドの西部か南部が良いのではないかという目算だけはもっていた。フィンランド研究をしている先輩から、スウェーデン語を第一言語とする少数派に注目してはどうかというアドバイスを受けていたからだ。

フィンランド憲法では、スウェーデン語とフィンランド語が「国語」として定められている。スウェーデン語を母語とする人口は全体の約六パーセントにあたる三十万人程度であり、その多くがスウェーデンからはボスニア湾を挟んだ対岸に位置するオストロボスニア地方、フィンランド西部、ヘルシンキ周辺、旧都トゥルク市周辺、そしてオーランド諸島から内陸まで連なる群島地方に暮らしている（前頁の地図を参照）。このスウェーデン（語）系フィンランド人（suomenruotsalaiset/finlandssvenskar）の暮らす地域の社会保障制度について研究すれば、社会保障の「文化」的な側面に迫っていくことができるのではないだろうか（スウェーデン（語）系と括弧に括っているのは、「スウェーデン系」、「スウェーデン語系」のどちらが「正しい」訳し方であるかを判断するのが難しいからだ。言語以外に集団を区別する特徴があるのかないのかという結論は、学問的立場によっても政治的考え方によっても異なってくる［cf. 吉田 2008：205、髙橋 2018］。そこで本書では「スウェーデン（語）系」という両義的な表現を用いている）。

そんな大まかな展望を抱いて、博士課程一年の夏にフィンランドへ渡った。とりあえず現地の大学の夏期講座でフィンランド語を学びながら候補地を探そうという目論見だった。色々と訊きまわっていたところ、ある現地の知り合いに「群島町」という自治体で調査してみればと提案された。群島町にはフィンランド語を話す人とスウェーデン語を話す人が半々くらいの割合で共存しているからというのがその理由だった。そうした状況が社会福祉制度へどのように反映されているのかという切り口は、確かに面白そうだった。

まずは群島町に行ってみようと思った。しかし、何も知らない町へいきなり行ってもわかることは少ないので、誰かにコンタクトを取る必要がある。そこでくだんの知り合いが取り出してきたのが電話帳だった。群島町の福音ルーテル派教区の連絡先一覧の中から「ディアコニ（diakoni）」なる電話番号を見つけ、平日の午前九時から十時が応対時間となっていることを教えてくれた。規定の時間に電話をかけ、群島町のお年寄りと社会福祉に興味があることを伝えたところ、応対してくれた人物がちょうど「年金生活者のためのキャンプ」をやっているのでいらっしゃいと誘ってくれたのである。

ディアコニとは何だろう。年金生活者というのは高齢者の別称なのだろうか。私の知り合い自身が牧師という職業についていたので教会の連絡先を探してくれたのかと思っていたけれども、お年寄りと一緒にキャンプをしているくらいなのだから社会福祉に関係する部署があるということなのだろうか。疑問で頭を一杯にしながら車で群島町に向かった。夏期講座を受けていた大学のある町からだと幾つもの橋を渡っていくのだが、海を越えているという感覚を持てないほど島々の距離が近く、まるで幾つもの川によって土地がストライプに分割されているように感じられた。町のシンボルであるヨットの帆柱が立つ中心部を抜けて田園地帯を進んでいくと、「年金生活者のためのキャンプ」を開催しているエリアに到着した。「キャンプ」と言ってもテントが並んでいるわけではなく、ちゃんとした合宿施設がある。農家風の木造家屋と納屋が幾つか建っていて、小麦畑が広がる先に赤い壁と黒い屋根の合宿所があった。杖や歩行補助器を持った人びとが建物の周囲を歩いている。彼らが「年金生活者」なのだろうか。ベンチに腰を下ろしてお喋りしている人びともいる。天気のいい日だったので、屋外で思い思いに時間を過ごしているようだった。

お年寄りたちよりも一回りほど若い女性が二人、私たちを出迎えにやってきた。どうやら彼女たちこそがディアコニであり、教会に所属して慈善活動を主な職務としているということが分かった。ディアコニたちは、毎年八月の終わりごろに一週間ほど「年金生活者たち（pensionärer/eläkeläiset）」と合宿施設に寝泊まりして時間を過ごしているのだという。「高齢者」と呼ばないのは、若くても様々な理由で年金生活を送る人がいるし、そういう人びとも参加可能であるという理由らしい。我ながら漠然とした調査計画について話すと、

群島町のルーテル派教会教区が所有する合宿所。年金生活者のための合宿もここで開催される。

合宿所を背にした風景。遠景にあるのは古い農家を改造した教会の礼拝所である。

彼女たちは予想外なほど気軽に協力を申し出たうえで、群島町福祉課の高齢者ケア部門に連絡をとるように勧めてくれたのだった。

私にとって群島町への入口がディアコニの主催するキャンプであったことは、社会福祉と教会の、ひいては社会福祉と地域共同体の関係に対する興味へとつながっていった。社会民主主義的な福祉国家（いわゆる北欧型）は、国民の福祉に対して国家が大きな役割を果たしていることが特徴だと一般に考えられてきた。でも、もしかすると北欧型の社会福祉制度においても行政機関が唯一のアクターというわけではないのかもしれない。だとしたら、いったいどういう種類の人びとが、どういうかたちで高齢者のケアに関わっているのだろう。社会福祉はどのように地域に固有のものであり得るのだろうか。それを考えるためには、制度を成り立たせている人びとや組織についてできるだけさまざまな角度から調査していく必要があると思えた。

こうして私のリサーチ・クエスチョンはゆっくりと醸成されていった。最初に仮説を立ててから、調査や実験によってそれを検証していくという他の科学とはずいぶん趣が異なるように感じられるだろう。だが、「研究者が恣意的に研究対象を選ぶのではなく、むしろ研究対象の現実の全体の中に自分自身を投じ、そうした全体的な経験から浮かび上がってくる何かについて考えること」［箭内 2018：43］は、人類学的なフィールドワークの核心にある。人類学がこのフィールドワークという方法を学問の中心に据えるようになった時代から、変わらずに続く営為であるのだ。

フィールドワークと地域

フィールドワーク、参与観察、エスノグラフィーといった調査手法は、最近では社会学や看護学、防災、地域開発、さらにはマーケティングのようなビジネスの領域でも用いられるようになってきた。だが、これらはもともと文化／社会人類学の領域で確立された方法論である。

現在の文化／社会人類学で標準とされているような質的調査の方式が誕生したのは一九一四年のことだと言われている。この年、ポーランド出身の人類学者であるブロニスラウ・マリノフスキーは、オーストラリアへ滞在中に第一次大戦が勃発したため、所属先大学があるイギリスへ帰国できなくなった（当時、ポーランドはオーストリア帝国の一部であり、オーストリアと英国は敵国同士だったからである）。そこで足止めを食らっていた約五年の間にパプアの島々を歴訪した。特に一九一五年から断続的に計二十六か月間をかけて行ったトロブリアンド諸島での集中的な実地調査は、彼のフィールドワーカーとしての名声を確立することとなったのである［増田 2010：10］。

一九二二年、マリノフスキーはフィールドワークの成果を『西太平洋の遠洋航海者』［マリノフスキ 2010］というエスノグラフィーとして出版した。彼はこの本の中で、近代的な文化／社会人類学の調査方法を創始したことを高らかに宣言している。「あなたが突然、住民たちの集落に近い熱帯の浜辺に置き去りにされ、荷物のなかにただ一人立っているとご想像願いたい」［マリノフスキ 2010：33］という有名な冒頭の文章の通り、「現地語を覚え、調査の道具としてこれを使」［マリノフスキ 2010：64］うようになった彼は、「白人といっしょに住まず、現地住民のどまんなかで暮ら」［マリノフスキ 2010：37］し、基本的には単身で調査を行った（それまでは探検隊のように集団で調査地に滞在し、手分けをしつつ通訳に頼って調査をするのが一般的だった）。こうして現地社会に入りこんだマリノフスキーは、「昼のあいだに起こったことならなんでも掌のなかのようにわかり、私の注意を逃れることはできないようになった」［マリノフスキ 2010：41］と断言するのである。

人類学者が調査を始めてから民族誌という成果を出すまでの過程を、マリノフスキーは「孤独な旅立ち―一連の試練―理解をともなった帰還」［竹沢 2007：44］というそれ自体が物語であるかのような流れで演出した。そうした演出が入っている時点で、学問的な正確さを欠いているように思える。また、マリノフスキーがカリスマ的なリーダーとしてまったく新しい学問領域を創出したかのようにふるまったことへの批判もある［Leach 1957：124］。フィンランドを研究する者としては、マリノフスキーよりも数年早くグンナー・ランツマンとラファエル・カーステンというフィンランド人がそれぞれパプア・ニューギニアと南米で質的調査を行っていたことも言及しておきたい［Gordon, Lyons & Lyons 2011：142］（マリノフスキーを指導していたのは、当時ロンドン大学で教鞭を執っていたエドゥアルド・ヴェスターマルックというフィンランド出身の人類学者である。だから彼の元にはフィンランド人の学生が故国から学びに来ていたのである）。

ただ、何も知らない場所に入っていき、一人の人間に観測できる範囲の事象をつなぎあわせて少しずつ大きな絵を描いていくというマリノフスキーの経たプロセスは、今も多くの人類学者たちが辿っているものだ。マリノフスキーの業績としてもっとも知られているのは、トロブリアンドの島々を繋ぐ「クラ」という贈与交換のネットワークについての記述である［マリノフスキ 2010］。これは貝殻の腕輪とウミギクのネックレスという宝物を決められたパートナーと贈り合う制度で、一見すると奇妙な規則に従って遂行される。宝物は誰かの手元に長くとどまることはなく、次の受け取り手の元へと海を越えて贈られていく。この「クラの輪」は、マリノフスキーの滞在したキリウィナ島を遥かに越えて、全長約四キロに渡って連なる島々を円環状につないでいでいる。

いったいマリノフスキーはどうやって自分の目の届かない場所にまで及ぶ壮大な制度を把握したのだろう。実は、群島町の人口は現在のトロブリアンド諸島の人口とだいたい同じである。群島町の岩礁群はトロブリアンド諸島よりはるかに狭い海域内に密集しているとはいえ、群島町もまた島々の連なりであり、五千個あるというすべての島々を訪れるのはほぼ不可能である。その領域のすみずみまでを知り尽くすなどできそうもないなかで、いったい何を拠りどころとして地域を把握すればいいのだろうか。それはおそらくマリノフスキー自身も直面した問題で〔浜本 2005〕、私がフィールドワークをはじめて以来かかえてきた悩みでもあった。

2　現場に入る

ボランティアというフィールドワーク

ディアコニたちのアドバイスに従って群島町社会福祉部門の高齢者ケアユニットに連絡をとった私は、こちらからもフィールドワークに対する了承の返事を得ることができた。そこで二〇〇二年の七月頃から念願の長期滞在調査を開始したのだが、当時の高齢者ケアユニットチーフのギアから提案されたのが、同年の九月に開設予定だという新しいデイサービスセンター「老人の家」にボランティアとして入ることだった（「デイサービス」と呼んでいるが、実際には利用者が自発的に施設を訪れる年金生活者向け「オープン・リビングルーム」と、契約を交わして通所するタイプのサービス「デイケア」という二つのサービスからなっている）。

　老人の家の予定地は、町役場の裏の丘に建つ古い建物だった。大きな楡《にれ》の木の下にあって、周りを高層の集合住宅が取り囲んでいる。昔はこの建物で薬局が営まれていたそうで、当初のデイサービスセンターの計画書も「古い薬局」と題されていた。現在も壁に作りつけの小さな引き出しがたくさん並んでいるところに往時の姿がうかがわれる。薬局が閉店して久しかったのを町が買い取り、デイサービスセンターとして再利用することになったのである。

　とりあえず言われた日時に老人の家の予定地を訪れた私は、ブリータという施設の責任者に引きあわされた。ボランティアとして手伝いに入りたいという旨を告げるとさっそく箒を手渡され、雇用された掃除人のエヴァという女性と三人でひたすら掃除をすることとなったのである。ブリータもエヴァも英語は話せず、ここで私は初めて自分のフィンランド語能力を実地で試すこととなった（スウェーデン語については、フィンランド語をある程度習得してから現地で勉強をはじめた。スウェーデン本国の発音とはかなり異なるので、日本で勉強するのは難しかったからだ）。衝撃的だったのは、まったく言葉が分からなかったことだ。勉強不足もあったのだが、それだけではなく南東部の方言は学校で習うフィンランド語とはまったく違っていたのである。何度同じ言葉を繰り返してもらって辞書を引いても、該当の言葉が見つからない。仕方がないので、ひたすら掃除をした。建物は廃屋となって久しく、どこもかしこも埃とゴミに溢れていたから、綺麗にすべき場所には困らなかった。

　我々が黙々と掃除していると、ひんぱんに人が様子を見にやって来た。単に近所で何が始まったのかと様子を見に来るだけの人もいれば、様々な物を寄付しに持ち寄る人もいた。これは町の新聞に募集の記事が載せられたためで、家で余っていた食器類や自分自身の織った床マットや絵画が持ちこまれた。また、掃除の合間にブリータがラジオ・ヴェガというスウェーデン語のラジオ局に出演し、老人の家の宣伝を行ったこともあった。その効果は抜群で、ラジオの中で「コーヒーメイカーがない」と話したところ、数十分後には近所のお年寄りから家にあるものを提供したいという電話があり、ブリータはすぐに車で受け取りに行っていた。また、事務机やテーブルは近隣の町の高校からまとめて寄贈された。

　こうして老人の家の室内が少しずつ整えられていくと共に、施設運営を手伝うボランティアが集まり始めた。老人の家で正式に雇用されているスタッフはブリータしかおらず、あとはすべてのスタッフをボランティアによってまかなうという計画だったのだ。そこで新聞やラジオを通じて広告され、（私を除いて）八名が応募した。最年少は五十七歳、最高齢は七十六歳で、全員が女性だった。

　こうして室内が綺麗に掃除され、贈られた品々によって空間が埋まり、人員もそろった状態で老人の家は正式に開設された。老人の家のオープニング・セレモニーは、九月のある晴れた日に催された。その日は朝から、いつもより小ぎれいな格好をしたブリータとボランティアたちがコーヒーと甘いパンとケーキを準備をした。消防設備の点検と認可が行われ、二時からセレモニーが開始された。群島町障がい者の会の会長があいさつし、テープカットを行った。それから高齢者福祉ユニットのギアとブリータが並んで立ち、訪れた人びとが一人ずつ挨拶の言葉をのべて贈り物を渡した。彼らの脇にはテーブルが据えてあって、ホームサービスのチームリーダーと老人の家のボランティアたちが贈り物をみばえよく並べていった。マルッタ婦人会からはコーヒーメイカーが、退職者の会からは電子レンジが贈られた。教区のディアコニたちからは実用的に現金が贈られた。コーヒーの包み（粉コーヒーのパックは、フィンランドではとても一般的な贈り物である）や箒、花といったプレゼントもあった。その後、訪問者たちはコーヒーとお茶請けをセルフサービスで取り、施設の中を見て回ったり、教会の聖歌隊による合唱を聞いたりして、三々五々帰っていった。

オープニング・セレモニーの模様は、その後に群島町でフィールドワークを行うなかで経験したどんな行事よりも儀式ばっていたように記憶している。町中の社会福祉関連の団体の代表者が一堂に会する機会は滅多にないということも後から知った。

この行事が私にとって強い印象を残したのは、当時の私がまだ右も左も分からない状態だったことも影響しているだろう。ボランティアの陽気なお婆さんたちはスウェーデン語もフィンランド語も下手な私に親切にしてくれたが、ともかく戸惑うことばかりだった。

何しろ彼らはほとんど打ち合わせを行わないのだ。オープニング・セレモニーの日も、始まるまではここまで大がかりな行事になると思っていなかったくらいだ。もしかしてボランティアたちとブリータは私のいないところでこっそり話し合っているのだろうかと疑心暗鬼になったこともあったのだが、それは心配のし過ぎだったのだろう。オープニング・セレモニーの執行は、単に綿密な話し合いといった過程をスキップしてのぶっつけ本番であったのだ。

なぜそんなことが可能だったのかというと、老人の家は群島町の社会福祉を形成する様々な施設や組織の活動の蓄積の上に成り立っていたからだ。老人の家を運営する人びとは、これまでに様々な場所でボランティアやケアワーカーとしての経験を積んできたのだということが、後から分かってきた。例えば施設長のブリータは、町立の長期介護施設で長年働いてきた上に、赤十字でも活動してきたという人物である。ボランティアたちも、全員が教会や赤十字等での地域活動の経験があった。だから老人の家のオープニングは、前例を踏襲するだけでよかったのだろう。

こうして書いてみると、まるで群島町では理想的な地域福祉が実現されているかのように思える。お金をかける代わりにボランティアという無償の労働力（しかも、わざわざ教育しなくてもノウハウを蓄えている）を活用できるなんて、まさに日本でよく言われている「地域の資源を活用」という標語通りではないか。実際、老人の家でのボランティア経験を通じて、私は群島町の主だった組織について知っていったし、高齢者ケアの場で催されるイベントのフォーマットについて学んでいくことができた。老人の家は、群島町の地域福祉の結節点の一つであったからだ。

だが、「地域」というのはどこの誰を意味していて、そのネットワークはどこまで続いているのだろうか。群島町の人びと全員がボランティアのプロフェッショナルであるはずはない。また、セレモニーに様々な民間団体が訪れていたように、このネットワークが群島町の行政が提供する社会サービスに限定されていないことは当初から確かに思えた。老人の家が隣町から家具の寄贈を受けていたように、ネットワークが群島町という行政区分と対応しているとも限らない。こうした事態をさらにややこしくするのは、群島町の二言語状況である。

二つの群島町？

この章の冒頭でも書いたように、群島町をフィールドワークの対象としたきっかけは、群島町が二言語地域であることだった。フィンランドの二言語併用自治体（人口の八パーセント以上か、あるいは三千人以上が主要言語に次ぐ第二言語を母語として登録している自治体）

では、言語法（Språklag/Kielilaki）が定める通りすべての公的なサービスが二言語で提供されている。これらの自治体では、住所表示や道路標識も二言語で表記されている。群島町の場合、フィンランド語話者とスウェーデン語話者の人口割合がほぼ一対一と均衡した状態にあるが、スウェーデン語話者の方がわずかに優勢なのでスウェーデン語の道路標識が上に書かれている（だから本書ではすべての原語表記がスウェーデン語／フィンランド語という順番になっているのである）。

ここで言う公的サービスとは、行政が提供するあらゆるサービスである。群島町では、保育園から高校、職業学校までがスウェーデン語とフィンランド語の二言語で設置されており、自由に選んで進学することができる。町の新聞も、左側からめくるとスウェーデン語、右側からめくるとフィンランド語というように分かれている（内容はまったく同じだが、写真だけ変えてアクセントをつけている）。さらに、群島町のルーテル派教会はフィンランド語教区とスウェーデン語教区の二つに分かれており、ディアコニもスウェーデン語教区二人とフィンランド語教区一人という風に担当者が分かれている（スウェーデン語教区の方が所属者数が多いために、ディアコニも複数名が配置されている）。社会サービスも二言語で提供されるため、群島町に雇用されるケアワーカーは基本的にバイリンガルである。

このように、群島町では理論上はフィンランド語を使う人もスウェーデン語を使う人も支障なく日常生活を送ることができるように公的環境が整備されている。だが、日常的な実践というものはそう単純に切り分けることができない。例えば、日常会話において皆はどちらの言語を用いているのだろうか。ケアワーカーがバイリンガルであるとしても、どちらの言語をより得意とする人が多いのだろうか。

老人の家の場合、八人のボランティアのうち七人の第一言語がスウェーデン語である。全員が二言語を流暢に喋ることができるし、フィンランド語を第一言語とする利用者に合わせて会話することはできるけれど、ボランティア間での会話は主にスウェーデン語でなされていた。他の組織においても、日常的に使用されている割合は圧倒的にスウェーデン語が多かった。これは、群島町の言語人口がほぼ拮抗しているとはいえ、フィンランド語話者が後から流入してきたことが影響している。だから、世代が上がるにつれてスウェーデン語話者の割合が優勢になっていくのである。

こうした二言語状況について群島町の人びとが愚痴るのを耳にすることが何度かあった。これは主にフィンランド語話者たちからの発言である。

フィンランド語話者の若者は問題を抱えている。彼ら（の家族）は外から新しく群島町にやって来たのでルーツがない。彼らを結びつける組織は学校しかないんだ。二十年くらい前は若者クラブというのがあったけど……。彼らは仕事がなく、社会生活がなく、働いている人たちは近郊の大都市まで行っている。

スウェーデン語話者はフィンランド語話者を社会的に地位が低いとみなしている。十五年、二十年この町に住めば、何とかやっていけるようになる。でも最初の一年はとても大変で、フィンランド語しかしゃべれないと友達もできない。そして、たとえ三十年ここに住んだとしても、元々の群島町生まれとは区別される。（七十代前半男性、フィンランド語話者）

その他にも、「スウェーデン語は汚い言語だ」とか「この国はフィンランドなのに、どうしてフィンランド語が使えないんだ」「スウェーデン語話者の老人たちの中には、フィンランド語を話すことを拒否する人もいる」などと発言している人もいた。

言語集団に基づく分断についての認識は、そこまで積極的な不満を伴わない形ではあるけれども、スウェーデン語話者からも耳にすることがあった。例えばメディア環境の違いである。二〇〇二年二月。スウェーデン語教区のディアコニであるベリットとアグネスが世間話をしていた時のことだ。前夜に「共通の応対」キャンペーン（次節で詳しく説明している）の一環として、教会でコンサートが開かれた。そこで歌ったのが、フィンランド語教区のディアコニであるキルスティの夫の知り合いで、近隣の大都市に住む歌手であったのだという。このコンサートについて、翌日にベリットとアグネスが感想を述べ合っていた。

ベリットによれば、フィンランド語話者の音楽はスウェーデン系のそれとはまったく違うので、理解に苦しむらしい。「どんなに明るい歌詞でもAマイナーなんだから」とのこと。「彼（公演した歌手）はとても有名らしいけど、私は彼が何者かきいたことすらなかったんだから、フィンランド語話者とスウェーデン語話者がどれだけ違うか分かるでしょう」とベリットは語っていた。

このように、フィンランドのスウェーデン語話者たちは、フィンランド語話者とは異なる音楽に親しんでいるらしい。これは、スウェーデンで作成される音楽やテレビ番組を視聴することが多いことも影響していそうだ。すぐ近くに人口一千万人近い大国があって、そちらでスウェーデン語の娯楽が豊富に作られているのだから当然と言えば当然である（ただし、彼らは決してスウェーデンという国にアイデンティティを置いているわけではない）。

さらに、スウェーデン語話者とフィンランド語話者という二つの言語集団は、健康に関わる数値が統計的に異なっていることが知られている。例えば、スウェーデン語話者の男性はフィンランド語話者の男性よりも二・五年平均余命が長く、スウェーデン語話者の女性はフィンランド語話者の女性よりも一年平均余命が長い［Finnäs 2002：288］。自殺率、アルコール中毒者の数、離婚率も違う。貧困や教育レベルに違いがないにもかかわらず、ここまで有意な違いがあるのは何故なのか。長い間その理由について考察がなされてきたのだが、近年はスウェーデン（語）系の方がソーシャル・キャピタルを多く保有しているせいだという説明が有力になっている［Hyyppä & Mäki 2001］（フィンランドにおけるソーシャル・キャピタル論の隆盛については、拙著［髙橋 2013］の第四章で詳しく分析している）。

ソーシャル・キャピタル（社会関係資本と訳されることもある）とは、「個人間のつながり、すなわち社会的ネットワーク、およびそこから生じる互酬性と信頼性の規範」［パットナム 2006：14］のことである。アメリカの社会学者ロバート・パットナムは、コミュニティ生活に関与する度合いの大きい人は、ボランティアや慈善活動等に積極的に関係していると主張した（そして、アメリカにおいては地域の活動を通じてはぐくまれてきたソーシャル・キャピタルが衰退していると警告した）［パットナム 2006］。その後、ソーシャル・キャピタルの概念は社会疫学の領域において用いられるようになっていった［cf. カワチ・スブラマニアン・キム(編) 2008］。大ざっぱに言ってしまえば、ソーシャル・キャピタルを蓄積している人ほど良好な健康状態を保っている場合が多いというのである。スウェーデン語話者集団とフィンランド語話者集団の間の統計的数値の違いも、言語集団によってソーシャル・キャピタルの蓄積量が違うことに由来しているのだろうか。

ニュークヴィストら［Nyqvist et al. 2008］はフィンランド国内での大規模なインタビュー調査から人びとのソーシャル・キャピタルの多寡を実際に測り、主観的な健康意識との相関を言語集団間で比較した。家族や友人、近所の人との「社会的接触」、趣味のクラブや会合といった「社会参加」、そして「信頼」や「不安」といった項目から資本として蓄積されるような社会関係の抽出を試みたのである。その結果、特に認識的なソーシャル・キャピタル（信頼、不安の感覚）と主観的な健康の間に有意な連関が見られることが分かった。

もちろん、こうした量的な調査では「社会参加」のような広範な活動を数値化することはとても難しい（ニュークヴィストらも限界を認めている）。それに、健康意識との有意な連関がみられたのは信頼や不安という感覚だけなのだから、社会参加や社会接触がどこまで人びとの健康に影響をおよぼしているのかは、はっきりしない。だが、これらの研究からスウェーデン語話者が関わるアソシエーションが多く存在することは確認できる。その意味で、私が群島町で目撃してきたものもそうした「スウェーデン（語）系地域」らしい社会生活の在り様であったとは言えそうだ。つまり、群島町のケアを支えるボランティアといった人的資源は、ソーシャル・キャピタルを比較的多く蓄積しているスウェーデン（語）系の人びとを中心に形成されているのである。

調査を始めた当初、私にはこうした言語集団の分断についての発言がとても貴重な証言に思えた。なかなか近づくことのできない人びとの本音に接しているような気がしたからだ。だが、それを言うなら、スウェーデン語話者であっても群島町の外部から引っ越してきた人はたくさんいて、彼らもまた孤独や戸惑いを口にしていた。逆に、両親がそれぞれスウェーデン語話者とフィンランド語話者であるような場合には、二つの言語を同じくらい上手に操ることができるのでどちらが母語とも決めがたいという人も多い。反感を持っているという証言をいくら集めたとしても、群島町には使用言語に基づいて二つのコミュニティが存在するとは言い切れないような気もした。

このように考えると、ここまで気軽に用いてきた「コミュニティ」とか「地域」という言葉の指し示す対象が何なのかそもそもよく分からなくなってくる。ただ、群島町で慈善、博愛、福祉に関わるものごとを進める時に持ち出される人的資源のネットワークが、主に用いる言語によって微妙に異なっているということは言えそうだ。

このように、決して群島町の人びとは全員が一致団結して地域福祉のサービスを運営しているとはとうてい言えない。そもそも誰もがボランティア活動に熱心であるわけでもないし、全員が喜んで利用しているわけでもない。だとすれば、どういう人びとが慈善・博愛活動に関わり、人びとはどういう時に助け合うのだろうか。

3　慈善、博愛、福祉

連帯の二月

群島町の人びとが参加しているあまたのボランティア活動のなかでも、私が特にクラシカルだと感じていたのが「針の会」である。群島町のいくつかの地区には、「ディアコニ針の会」(diakonis syyforeningen/diakoninompeluseura) という昔からのグループがある。「針」という語が示しているとおり縫物のクラブで、「ディアコニ」と冠されているように教会の組織である。私の知る限り会員はすべて女性で、会合で作られたニットや刺しゅう入りの小物は教会のクリスマスバザーに提供され、慈善活動の資金となっていた(慈善(charity) というのは宗教的動機による貧者に対する奉仕活動であり、それに対して非宗教的動機に基づく奉仕活動を博愛（philansolopy）と呼ぶ）。

「針の会」の会合は、毎月持ち回りで各会員宅において催される。会のメンバーの多くは、教会活動に熱心で比較的健康状態の良い高齢女性である。私の知り合いのリサもＬ地区の「針の会」メンバーであり、前述の「老人の家」のボランティアでもあった。私はリサに頼みこみ、彼女の家で催された「針の会」に参加させてもらった。

リサの家は森の奥の大きな一軒家であり、群島町の中心地からは少し遠い場所にあった。室内はきれいに整えられていて、テーブルセンターや飾り物など、いかにも「針の会」のメンバーらしい手作りの小物類があちこちに置かれていた。テーブルの上には腕によりをかけて準備したのだろう手作りのお菓子が何種類も用意されている。参加者は近隣に暮らす女性たちと、その日のスペシャルゲストであるスウェーデン語教区の女性牧師だった（この地区の針の会はスウェーデン語教区に属している）。

メンバーたちはお喋りをしながら縫物をしていた。私は縫物があまり得意ではないので、毛布用のキルトを編んだ。作業がひと段落すると、牧師が祈りを捧げ、お茶とケーキを食べて解散である。あまり何か役立つ活動をしたという感覚はなくて、少しフォーマルなお茶会にでも出席したような印象を持った。

「針の会」に参加するたびに、私はお話の世界に迷いこんだような気分に駆られたものだ。だって、まるで「赤毛のアン」［モンゴメリー 2008］のようではないか。二十世紀初頭のカナダを舞台にした物語の中で、主人公のアンを引き取ったマリラ小母さんは、リンドの奥さんをはじめとするご近所の女性たちと裁縫のつどいを開いたり、牧師館でのお茶会に参加したりしていたし、そうした会合の多くは慈善活動を目的にしていた。群島町では百年以上前に描写されたような慈善の営みが現代にいたるまで連綿と続けられているということなのだろうか。

「こんなことでいいのかしらって思うのよね」群島町に着任したばかりの若い女性牧師であるマリーは、針の会を辞去した後で私に漏らした。針の会のメンバーは、比較的余裕のある高齢女性が中心であり、会合は彼女たちにとって社交の場でもある。慈善活動がある種の娯楽になっていること自体は何も悪いことではないと思うけれども、困窮している人を直接助ける活動の方がやりがいがある、という気持ちは理解できる（実際、マリーはその後ハイチへNPO活動のために出かけて行った）。

マリーのフラストレーションはともかく、群島町において昔ながらの慈善活動が熱心に行われていることはなんだか不思議に思える。いわゆる北欧型の大きな福祉国家において、民間の慈善活動がそんなに必要とされているのだろうか。それとも、戦後に福祉国家が成立する前から続けられてきた慣習の残余にすぎないのだろうか。

この疑問について考える上で参考になるのが、世界寄付指数である。これは慈善援助財団（Charities Aid Foundation）が毎年公表しているデータで、見知らぬ人助け、寄付、ボランティアという三つの側面から世界百四十か国を比較している。二〇一八年の報告書によるとフィンランドは百四十か国中四十四位なのだが、これは「見知らぬ人を助ける」指数が六十位と低いのが足を引っ張っているからで、募金する人の割合だけなら三十五位である［Charities Aid Foundation 2018］。募金する人の割合が多い国としては、ミャンマーやインドネシアなど宗教的動機が顕著な国々、オーストラリアや米国、英国といった英語圏の国々に加えて北欧諸国が目立つ。実はフィンランドは北欧諸国の中では募金率が低いほうで、アイスランド・ノルウェーは常に十位圏内につけているし、デンマーク・スウェーデンも二十位内をキープしているのだ。日本は九十九位といわゆる先進国の中ではほぼ最下位なので、いずれにせよ日本よりは盛んであると言えるだろう。

こうした結果をどのように考えればよいのだろうか。例えばミャンマーは寄進が盛んな国であるけれども（世界寄付指数も募金率では一位）、寄進先の寺院は国家の代わりに教育や医療などを提供する機関となっている［藏元 2014］。アメリカをはじめとする英語圏も、自由主義レジーム［エスピン＝アンデルセン 2001］に分類されるように福祉国家としての規模は小さい。つまり、これらの地域には国家的な福祉制度が整備されていないから、人びとは代わりに民間組織に対して募金活動をしていると解釈することもできるのである。だが、この解釈に基づくなら北欧諸国で募金活動が盛んである理由が説明できない。そこで、人びとがどのような具体的な場面で募金しているのか見てみよう。

針の会のメンバーが熱心に活動するのは、クリスマスの時期と二月である。クリスマスは分かるのだが、どうして二月なのだろうか。これは、フィンランドにおいて毎年二月になると「共通の応対」キャンペーンが開始されるからだ。このキャンペーンは前述のディアコニたちの会話にも登場するが、そもそも何のことだろう。

「共通の応対」（Gemensamt Ansvar/Yhteisvastuu）はフィンランド教会によって実施され、フィンランド大統領が後援者となる全国的な募金キャンペーンである。寄せられた募金の使い道はその年ごとに設定される。六〇パーセントが海外の重点的な支援対象に、残りは二〇パーセントが国内の支援、二〇パーセントが各地のディアコニの活動資金にあてられる（例えば二〇一七年はシリヤ難民を多く受け入れているヨルダンと、それからフィンランド国内の人身売買の被害者が、二〇一八年は国内外の飢餓・貧困が重点的な支援対象となった）。群島町でも、二月に入ると町のスーパーマーケットの入口に募金箱をもった女性たちが立ちはじめ、「共通の応対」キャンペーンの時期が来たことを思い出させてくれる（彼女たちは前述の針の会のメンバーである）。

こうした街頭での募金活動にくわえて、「共通の応対」の時期には様々なイベントが町の各地で開催される。今のところ、「共通の応対」キャンペーンの中でもっとも長続きしている行事は教区集会所で開催される「ヴァレンタインデーのエンドウマメスープ（Vändags ärtsoppa/Ystävällisenpäivänhernekeitto)」だろう（ヴァレンタインデーのことをフィ

ヴァレンタインデーのエンドウマメスープ

ンランドでは「友達の日」と呼ぶ)。エンドウマメのスープは北欧ではとてもポピュラーな食べ物で、軍隊などではパンケーキのデザートと共に木曜日によく食べる。ヴァレンタインデー当日のお昼頃に教区集会所へ行くと、多くの人が列に並んでエンドウマメスープを受けとっている。容器を持ってきてスープを入れてもらい、そのまま持ち帰る人もいる。生の玉ねぎとフェンネルを載せて食べるのだが、とても美味しい。スーパーなどでよく売っている缶詰入りのスープを温めたものはここまで美味しくないので、人気の理由も良く分かる。スープを受けとった人は、金額は定まっていないけれども募金箱にお金を入れる。その他に会場では「共通の応対」キャンペーンのグッズ(ピクニック用シートやリフレクター、電動蝋燭など)も販売している。ちなみに二〇一四年は六十六人の訪問者があり、五百六十二ユーロの利益があがったそうだ。

このエンドウマメスープイベントが定着するまで、群島町では様々な募金集めのイベントが催されてきた。例えばクロスカントリー大会を開催したこともあったが、これは大失敗であったようだ。教会の前を出発して森の中の終点まで歩いて行き、ゴールでジュースの提供と共に募金が求められるというものだったのだが、ゴールへ辿りつく前に脱落する人びとが続出したらしい。まあ参加者全員が健康で運動が得意なわけではないのだから致し方ないような気もする。また、教区のクラブに入っている若者たちが車を洗ってお金を集めたこともあったが、こちらは汚水を捨てることが禁止されたことで頓挫した。前述の

ヴァレンタインのエンドウマメスープイベント会場で売られている「共通の応対」キャンペーンのグッズ。売り上げは募金される。

通り、フィンランド語教区が有名な歌手を呼んで教会でコンサートを開いたこともあった。こちらは何百人もの参加者があって収益も上がったのだが、毎年開催できるようなものでもない。こうした試行錯誤を経て、地元の合唱団を招いてのコンサート（これは団員がそれぞれ知り合いを呼べば、それだけでかなりの収益が上がる）とエンドウマメスープだけがそれなりに成功した試みとして今も続けられているのである（ちなみに、近隣の中島教区では、共通の応対キャンペーンの一環として受胎告知の日に教区集会所でワッフルパーティーを開いている。それぞれの教区ごとに工夫がこらされているのだ）。

この「共通の応対」のほかに、群島町ではスウェーデン語教区が古道具屋を経営しており、その収益を教会海外援助（Kyrkans Utlandshjälp/Kirkon Ulkomaanapu）とフィンランド伝道会（Finska Missionssällskapet/Suomen Lähetysseura）に寄付している。こちらは全国でもトップクラスの募金額を誇っているそうで、群島町が継続的に募金していることへの感謝として、教会海外援助に属する人が活動報告のプレゼンテーションをしていったこともあるという。古道具屋というと慈善活動以外のやり方でお金を集めているように聞こえるのだが、中古の衣料や物品は寄付されたものであるし、店を運営しているのはボランティアたちである。

以上のような毎年の「共通の応対」キャンペーンをめぐる試行錯誤やその他の募金活動を振り返ってみると、群島町の人びとがことさらに慈善の心に溢れているということではないように思える。だから悪いということではないのだが、パットナムが考えていたように「コミュニティ生活への参与」と募金額が連動するわけではないのかもしれない。豆のスープや古道具屋は誰であっても利用可能なサービスであるからだ。もちろん、運営するボランティアは例外的なほど熱心にコミュニティ生活へ参与している。だが、寄付をする人びとの多さは、むしろ寄付を集めるプラットフォームや組織が存在していること、人びとが寄付を誘うイベントを模索してきたことに起因しているのではないだろうか。

つまり、「共通の応対」キャンペーン自体は教会が運営している募金活動であるけれども、ミャンマーやサウジアラビアにおける喜捨のように人びとは完全に宗教的動機から募金しているわけではなく、同時に消費活動を行っているのである。では、アングロ・サクソン系の国々のように、募金を財源とする博愛組織（つまり宗教的な目的を持たない組織）のように福祉国家を代替しているのだろうか。例えば「共通の応対」キャンペーンの場合、募金額の二割が国内のディアコニア活動に割り当てられる。こちらは国家的な福祉制度とどのような関係にあるのだろうか。

ディアコニの変遷

ディアコニ（diakoni：swe/fin）とディアコニッサ（diakonissa：swe/fin）は、牧師、墓地や建物の管理者、聖歌隊指揮者、ユースワーカー等と共にフィンランド福音ルーテル派教会の教区レベルで雇用される職業である。辞書を引くと、「助祭」や「執事」と訳されている。だが、助祭として教会の司式に関わるカトリックや、執事として教会組織の運営に関わる東方教会、聖公会とは異なり、フィンランドでは社会サービスや援助活動を主な職務とする人びとである。厳密には、社会サービスの学位（sosionom/sosionomi）を持つ人をディアコニ、看護の学位を持つ人をディアコニッサと区別する。ただ、お年寄りたちは誰が何の学位を持っているのかを気にするわけではないので、まとめてディアコニと呼んでいるような気がする。なので、この本でも一般的な名称としてはディアコニを用いている（ディアコニ／ディアコニッサが行う職務がディアコニア（diakonia）活動である）。

群島町のディアコニア事務所は、月曜から木曜の朝九時から十時が応対時間とされている。事務所は教会の近所にあって、ドアを開けたところが病院のような待合室になっている。部屋には聖歌が流れており、蝋燭も灯されているので、少し宗教的な雰囲気がただよっている。やって来た人びとは椅子に座って順番を待ち、その日の担当者と話をする。人生の悩みを打ち明けに来る人もいれば、血圧を測りに来るお年寄りもいる。お金を借りに来る人や、食料品をもらいに来る人もいる。
「他の町のディアコニに血圧を測っていると言ったら、ものすごく驚かれたわ」というディアコニッサのベリットの発言通り、健康に関わる相談に乗るという職務は廃れつつある。だが、ディアコニはもともと教会には属さず病人の世話をする看護婦の前身のような職業だった。

多くのケアワークと同じように、ディアコニという仕事に就くのは女性が圧倒的に多い。「ディアコニ」という名前が定着する前は、「ディアコニッサ」（diakonissa : swe/fin）という女性名詞だけが用いられていたくらいだ（英語でもディーコネス（deaconess）という女性名詞がある。スチュワードに対するスチュワーデス、アクターに対するアクトレスのように"ess"がつくと女性を意味する）。このディアコニッサが働く施設が初めてヘルシンキに建てられたのは一八六七年のことだ。設立したのは教会ではなく、アウロラ・カラムジンという裕福な未亡人である。彼女はヨーロッパ中を旅した経験からドイツで始まったディアコニッサ運動について知り、ディアコニッサたちが働くための療養施設を建てたのだ［Hurskainen 2002］。間もなくディアコニッサたちは療養施設だけではなく、孤児院や身よりのない女性のための施設も運営するようになった。ディアコニッサ・インスティテュート（diakonissalaitos : fin）は様々な目的の施設が複合された修道院のような場所で、ディアコニッサたちは生涯独身を貫きつつ無給で働いていた。

こうしたディアコニッサの修道女のような性格は時代とともに薄れていった。療養施設や社会福祉施設ではなく教区に専属する形で働く人が増え、一九五九年には独身ルールが撤廃され、給料も受け取るようになった。また、ヘルスケアに携わるディアコニッサの数は一九三〇年代まで増加したが、その後は地方自治体の訪問看護婦によって取って代わられていった［Markkola 2000］。つまり、医療から社会福祉へと業務の重点が移ったのである。さらに、一九五〇年代から前述のようにディアコニッサとディアコニを学位の種類で区別するようになり、学ぶ人のジェンダーは関係なくなった。

このようなディアコニ／ディアコニッサの役割の移り変わりは、教会と福祉国家の関係を反映しているように見える。フィンランドにおいて福祉国家が成立する以前、地方の行政組織の役割を果たしていたのは福音ルーテル派教会である［Markkola 2007］。看護師であるディアコニッサの減少は医療制度が教会から国家の統一的な管理の下へと移行していったことを背景としているのだろう。また、女性に限定された名称が撤廃されたことは、看護をめぐる性別役割分業が徐々に薄れていったことを象徴しているようにも思える。

それでも、群島町の福音ルーテル派教区で働く三人のディアコニ／ディアコニッサは全員が女性である。このうちでディアコニッサであるのはベリット一人であるように、看護業務はそれほど多くない。では、現在のディアコニたちは看護や健康相談のほかに、どんなことを主な業務としているのだろうか。

実はディアコニア事務所を訪れる人の多くが金銭や食料といった経済的支援を求めている。食料援助は、フィンランドでは一九九五年の大不況の時期にＥＵのフードバンクによって始められた活動である。ディアコニア事務所には粉牛乳やオートミール等をまとめた食料パックが貯蔵されており、必要に応じて提供される。だが、一か月に受け取ることができる食料は一パッケージ（七ユーロあるいは十五ユーロ）であり、それだけで食いつなぐことはできない（ただ、クリスマスシーズンは普段より多くの食料パックを用意し、クリスマスを迎えるための食料が欲しいと連絡してくる人びとに与えるそうだから、時期によっては援助の意味が強まるのかもしれない）。また、お金を与える代わりに教区が経営する古道具屋で必要な衣料を無料で持っていってもらったり、井戸のポンプや洗濯機が壊れたのでお金が欲しいという相談に対しては、代わりに自分で修理しに行ったりもする。遠隔地で独居生活を送る高齢者から、足を怪我したので掃除の人を雇いたいのだが、誰か良い人を知らないだろうかといった相談を受けているところを目にしたこともある。つまり、どんな内容であれ、助けてほしいことがあればとりあえずディアコニが相談窓口になるのである。

ただし、こうした医療的理由も経済的理由も表向きのものに過ぎない場合があるとディアコニたちは考えている。「血圧を測ることはメインの目的ではなくて、それはきっかけに過ぎないのよ」というディアコニッサのベリットの言葉や、「でも、本当のところは、彼らは食べ物を必要としているわけではないのよ。特に不定期に食べ物をもらいにくる男性たちはとてもシャイだから、話をしに来たと言えなくて、代わりに食べ物をもらいに来たというのね」というディアコニのアグネスの言葉の通りである。これらの人びとが孤独を感じているからこそディアコニと話す時間を求めて訪れている場合もあると彼女たちは受けとめているのである。もちろん彼女たちは孤独感の解消を物質的な援助と比べて取るに足らないものだと考えているわけではなく、新たな任務として取り組んでいるようだ。

こうしたディアコニの職務の移り変わりの背景には、教会と行政の役割分担のさらなる変遷がある。二十世紀の福祉国家の発展によって、身体的必要は行政が満たすようになったことで医療中心のディアコニッサではなくディアコニが増加していった。そして二十一世紀に入り、人びとのニーズは経済的なものから精神的、社会的なものへと移行しつつある。教会とディアコニ／ディアコニッサの役割は、その時代の国家との関係によって、常に定義し直されているのである。つまり、フィンランドでは教会によって代表される「地域」は、国家的な制度に呼応して伸縮するような存在であると言えるだろう。

4　フィールドワーカーのホリズム

調査者の立場

ここまで書いてきた群島町の社会福祉を支える「地域」の広がりを振り返ってみると、私自身が初めて群島町にやってきたときに期せずしてディアコニへコンタクトを取ったことは大正解だったのだろう。お年寄りの雑多な相談を受けつけるディアコニは、言ってみれば福祉国家の入り口のような存在であり、私の調査をしたいという相談事もまた手助けを必要とする相手として受け止めてもらえたのだから。そのように考えてみると、私にとってのフィールドワークは、私自身が福祉国家のサービス受給者になっていく過程であったのかもしれない。実際、初めて単身フィンランドに渡った時は教育研究制度を利用して言語を学び、当地の研究者と知り合っていった。子連れで調査へ行くようになってからは、群島町の保育制度のお世話になった。

文化／社会人類学者がフィールドワークをするとき、現地の人びと全員と公平に親しくなるわけではない。いわゆる非欧米社会でのフィールドワークでは調査助手を雇うことが多いし、土地の古老が重要なインフォーマントになることもある。どこかの家庭に住みこませてもらう場合は、家族の一員として扱われたりする。こうした調査者の存在が現地社会に与えるインパクトは大きい。例えばカナダ・イヌイトの民族誌によると、民族学者や生物学者のガイドは現金を得るための主要な手段の一つであり、こうした現金を利用して伝統的な生業としての狩りが続けられているのだという［大村 2013：210］。人類学者と調査協力者は相互扶助関係にあると地域社会からみなされているのだ。

そのような「伝統的」なフィールドワークと比べた場合、私の経験はだいぶ一方的で浅いものであるような気がしていた。居候をさせてもらったわけでもなく（初期は近隣の都市の大学寮、その後は自分自身でアパートを借りて住んでいた）、調査助手をかってでてくれるほど暇な人もいない。お年寄りというのはある意味で全員が土地の古老のようなものではあるけれども、社会福祉について知っているのは専門家である。もちろん現代の複雑な制度を調査する以上、専門家や職員とつきあっていくことにならざるを得ないし、それが表面的な関係であるとは限らない（ディアコニや職員の中には二十年近いつきあいとなった人びともいる)。それでも、調査者としての私は現地社会から恩恵を受ける一方であったような気もする。

また、私に限らず大学機関に所属するフィールドワーカーにとって、マリノフスキーの時代のような数年間に渡る連続滞在調査を実行することはとても困難になっている。一方で、海外への渡航が容易になり、情報通信技術が発展したことで、調査地の人びとと交流を続けたり、間を置かずに短期間再訪することは、以前よりずっと簡単になっている。こうした調査スタイルの変化によって、どのような地域社会の姿が見えてくるようになったのだろうか。

合宿社会

群島町は風光明媚な土地で、絵に描いたような景色にあふれている。なかでも私が日本にいるときにもっともよく思い返すのは教会の合宿所を望む風景である。麦畑と背の低い建物、視界の半分以上を埋め尽くす空。群島町でフィールドワークを始めて以来、毎年のように夏になると年金生活者たちの合宿を訪問してきた。

初めて群島町を訪れた時は謎の行事に思えた年金生活者たちの合宿にも合点がいくよう

になった。「年金生活者たちの合宿（pensionärsläger/eläkeläisleiri）」とは福音ルーテル派教会の教区が主催する行事である。年金生活者、つまり多くの場合は六十五歳以上の高齢者が毎年八月の終わりごろに教会の合宿所に数日間宿泊して、ともに時間を過ごす。合宿といっても何かを訓練するわけでもないし、朝夕に簡単な礼拝があるだけで宗教色は薄い。皆で映画を見たり、ディアコニによる本（たいていはリンドグレーンなどの児童書）の朗読を聞いたり、ゲストの話を聞いたりするのが主なプログラムで、一緒にいる時間を楽しむ以上の目的はないように見える。

何故わざわざそんなことをするのかというと、フィンランドは合宿社会なのである。フィンランドでは、夏になると各地の森や水辺で様々な名目の合宿が開かれる。代表的なのは、十五歳になる子供が参加する堅信礼の合宿で、現在もその年齢の子供の七五パーセント以上が参加する。障がい者のためのキャンプ、シングルペアレントのためのキャンプなどもある。つまり、社会福祉の支援対象となる人びとに対して合宿が実施されているのだろう。おそらく、戸外で時間を過ごすことは無条件によいことだと考えられていて（第1章に書いた人びとの屋外志向の話と通じている）、その場を提供することが重要なサービスであると受けとめられているのだと思う。

私はこの合宿にほぼ毎年参加してきた。他の参加者たちと一緒に寝泊まりして全五日間の日程を過ごした年もあったし、一日だけ訪問した年もあった。二十年近くの間に合宿の様子もずいぶんと変わってきたように思う。合宿に参加していた年金生活者たちのうち、当初のメンバーは全員亡くなっている。参加者たちは最終日になると「また来年も参加しましょう」と言いかわすけれども、毎年のように誰かが脱落していくのだ。あの人は昨年末に居住施設へ入居したので来ない。あの人は去年の合宿に参加した後で風邪を引いてしまったので、もう合宿に行く体力がないと実感したそうだと噂される。

合宿に参加しなくなるのは、健康上の問題を抱えた人だけではない。スウェーデン語教区のディアコニであるアグネスは定年退職したし、フィンランド語教区のキルスティは近隣の都市へ移った。フィンランド語教区の合宿は廃止され、一日のイベントへと変更された。スウェーデン語教区の合宿日数も、高齢者にとっては長すぎるということで十年程前に五日間から四日間に減らされた。

合宿の縮小について、ディアコニッサのベリットは次のように語っていた。「人びとは変わりつつあるのよ。前とは違うニーズを持っているというか。お年寄りたちは、ある意味で、前よりも〝若い〟と思う。コンピューターを持っているし、外国へ旅行するし、より豊かな社会生活を送っている。近頃では年金生活者の会（群島町のアソシエーション。教会とは別組織）のメンバーでマデイラ島（カナリア諸島と並ぶフィンランド人にとっての人気観光スポット）に旅行したりするんだから！」

参加者が減っていくスピードと比べて新たに合宿へ参加する人びとはそれほど多くない

ので、少しずつ合宿の規模は小さくなっていった。その代わりに二〇一三年からは親族介護者のための合宿が開かれるようになった。第2章に登場する親族介護者支援制度は行政の仕組みだが、このほかに教会や赤十字といった民間の組織も支援活動を行っている。こちらの合宿は近隣の教区と合同で開かれており、介護をする人とされる人がともに参加する。年金生活者の合宿と比べると、介護の悩みを話し合ったり、マッサージを受けたり、よりプラクティカルな側面が強いようだ。

こうした合宿のありようの変化は、群島町の高齢者の暮らしぶりもまた一定不変のものではないことを教えてくれる。合宿自体は社会福祉の主要なサービスではない。それでも、教会やNPOといった行政以外のアクターによって供給されてきた歴史がある。その意味で、合宿はフィンランドの社会福祉制度の周縁部にある慣習であると言えるだろう。だが、私にとっては、そしておそらくは参加者にとっても、合宿はそこに集う人びとや彼らの生活の経年変化を定点観測する場所である。だからこそ、合宿から始まった私のフィールドワークは、今も同じ場所を訪れながら続けられているのである。

5　まとめ――コミュニティという幻想

この章では群島町における私自身のフィールドワークの過程と、そこから見えてきた「地域」の姿を綴ってきた。老人の家、ボランティア、ディアコニといった切り口から、高齢者福祉制度を構成しているのは国家や行政といった公的領域だけではないということを示してきた。

ただし、群島町に一枚岩の「地域社会」が存在しているわけではない。老人の家を支えていたのは、一部の熱心なボランティアだった。そのボランティアたちは教会に代表されるような伝統的な地域活動に参加している人びとが中心となっていた。そして、年金生活者の合宿の衰退から見てとれるように、従来の小さなコミュニティでの活動に熱心な高齢者たちの数は減り続けている。

さらに、教会に二つの教区が併存しているように、主にスウェーデン語を話す人びとと、主にフィンランド語を話す人びとがそれぞれ緩やかに集団を形成しているという点も忘れてはならないだろう。言語集団間の境界は越えられない壁ではまったくないし、二つの集団が対立しているわけでもない。ただ、スウェーデン語を話す人びとがこの土地に昔から暮らしていたというアドバンテージを持っており、伝統的なタイプのコミュニティ活動(例えば針の会や合宿)においてよりアクティブである場合が多いということは否定できないように思う。社会福祉において「地域の力(=資源)」を活用するということは、こうしたソーシャル・キャピタルへのアクセスの違いによって人びとの間に差異を生じさせることもあり得る。そして、教会が世俗化し、地縁的なつながりが薄れていけば維持が難しくなるようなものでもあるのだ。

かといって、私は群島町が理想の地域社会ではないことに幻滅しているわけでもない。全員が一致団結して同じ道徳的目的の下に行動する社会は、むしろ全体主義的なディストピアのように思えるからだ(一方で、言語集団間の分断を、ハンナ・アレント[1994]が複数性(多数性)と呼んだような開かれた公共空間の問題として論じることも難しい。意見を述べる場としての公共空間と、日常的な社交の場所は違うからだ)。

群島町の民間・公的セクターの職員たちは、様々な背景や考え方を持つ人びとにとって益になるような活動や場を提供することで、少しでも慈善・博愛・ボランティア活動への参加者を増やしていこうとする努力をしている。募金の動機が美味しいエンドウマメのスープであって悪いことはない（ただし、フィンランドでは人権教育が熱心に行われているので、人道的な動機による他者への支援が日本より積極的に行われているのも確かである。だからこそ街頭での募金が現在もさかんに行われ、海外援助に使われているのだ）。そもそもディアコニたちの活動は無償ではなく、税金という再分配のシステムによって雇用されている。フィンランドの税制に基づけば、所得税の一―二パーセントと法人税の一部がフィンランド福音ルーテル派教会とフィンランド正教会にあてられる。教会の職員は税金によって雇用されている側面があるし、教会もまた地域の福祉へ貢献することに熱心である。だから、教会の現在の役割が福祉国家の外側にあるわけではなく、教会の慈善活動と社会福祉を完全に分離して考えることも難しい。このように考えてみると、公的資金を投入せずに（少なくとも北欧型の）地域福祉は成立しないと言える。

その意味で、この章で描いてきた群島町の「地域」としての活動は、アメリカのようなボランティアや地域の組織が国家の代わりに社会福祉を担うという図式とは異なっている（そもそもアメリカでも民間の援助団体に公的資金が投入されているので、民間と公共を完全にわけることはできないのだが）。フィンランドにおいては「地域」や「民間」と呼ばれる領域もまた福祉国家の一部をなしているし、慈善と博愛と福祉は似通った概念であるのだ。

だから、高齢者ケアの現場にいるとき、社会福祉制度の外延はどこにあるのかあいまいでよく分からないものであると感じられる。実際、私のフィールドワークは、たどろうとすればするほど後退していく制度の外延をどこまでも追いかけていくような過程だった。だが、「村の中のことなら何でも分かる」とうそぶいたマリノフスキーですら、村の一角からトロブリアンド諸島の近海に広がるクラ交換のネットワークを展望していた。箭内匡が指摘する通り、「フィールドの境界線もまた水平線の彼方に消えていくものであった」［箭内 2018：246］のである。まして、マリノフスキーのフィールドワークから百年以上が経ち、文化／社会人類学者たちは自然科学の研究所からウォール・ストリートまで、ありとあらゆる場所に調査者として入り込んでいくようになった。

そうした新しい「現場」は村よりも範囲があいまいで、人びとの行為がもたらす帰結を見通すことが難しい。群島町の社会福祉制度もまた、制度を支える「裏側」がどこまで広がっているのかを厳密に示すことは困難である。だからこそ私のフィールドワークは、事前に考えた問いと想定しておいた仮説を検証するような作業ではなく、現場において研究対象と問いを常に考えなおし続けるようなものとなったのだと思う。

私が群島町に見出した「地域」とは、明確な地理的範囲や集団ではなく、達成すべき道徳的実践でもなかった。それは社会福祉制度をかたどる些細な部分の集積であり、自分の目で見てきた無数の断片から予感するようなものだったのである。

第4章　自由

1　独居する人びと

九つの命を持つ老人

はじめてロッタと出会ったのは、町のヘルスセンターの入院病棟を歩いている時のことだった。私を案内してくれていた作業療法士のリディアが、「ちょっと寄ってもいい？」と入っていった病室に横たわっていたのがロッタである。

糖尿病の悪化によって片足を切断したばかりというロッタに、リディアは新しい着圧ソックスを渡した。血液滞留によって左半身が麻痺しているロッタにとって、血行を保つことは非常に重要だからである。ロッタのもう片方の足は先に切断されており、これで動かすことのできる四肢は右手だけになった。

ロッタの退院に向けて、リディアは残された右手を活用して動作するための様々な補助具を用意しているとのことだった。つまり、術後の経過が良好であればロッタは入院病棟から介護施設へと移動するのだろうと私は受けとめた。ところが、その後すぐにヘルスセンターから五度目の退院を果たしたロッタは、自宅での独居生活に戻ったのである。

次にロッタと出会ったのは、ホームサービスに同行していた時のことだ。その日、私は二人のケアワーカーに同行していた。ホームサービスは基本的に単独行動なのだが、一人では力が足りない作業があるときはペアを組む。

ロッタの家は、群島町の中心地から車で二十分ほどのカントリーサイドにある。牧場の向こう側の奥まった場所に建つ小奇麗な一軒家だ。クリスマスの時期だったので立派なオーナメントが飾ってあった。共に暮らす家族はいないが、子供が徒歩圏内に暮らしていると聞いた。

到着したケアワーカーたちは、まずはロッタのズボンを脱がして尿瓶をあてた。毛布をかけておいて、一人がたらいにお湯を準備する。トイレが済んで尿瓶を回収してから、二人でロッタの身体を横に転がし、お湯で濡らした布で身体を拭く。床擦れ用の薬とローションをぬり、オムツとパンツとズボンをはかせる。それから互いに声を掛け合いながらリフトを使い、電動車椅子に乗せる。ロッタは身体が大きいために機械式のリフトを使っても一人でベッドから移すことは難しいのだ。

ケアワーカーたちはロッタの家を一日に四回訪れる。朝、ロッタを起こして車椅子に乗せ、昼過ぎにベッドに寝かせ、夕方に起こし、また夜に寝かせる。ケアワーカーが二人組で来る場合、本当は料金も倍になるのだけれども、訪問看護師とそのアシスタントという形で登録を行うことで、一人分の料金を払うだけで済むような配慮をしているそうだ。彼らは食事の準備や投薬、シャワー補助なども行うから、かなりの人員と手間を擁するサポート体制だったと言えるだろう。

ケアワーカーたちが用いていた電動リフトや電動車椅子は作業療法士のリディアが用意したものだ。他にも介助者が用いるための手動車椅子、ベッド、シャワー用の補助椅子、着衣補助具など、転倒の危険を減らすために適正なサイズのものを試行錯誤の上で用意したという。こうしたロッタを支える在宅介護は、彼女自身が自宅での生活を望んだことに対応するものだった。元々は長期療養型施設に暮らしていたロッタの帰宅を実現させたのは、第2章にも登場する「帰還担当官」のブレンダである。彼女のポジションが群島町での脱施設化が進む中で設けられたことを考えると、ロッタの在宅生活はフィンランドにおける施設介護から在宅介護への政策転換という流れの中で実現したものであると言えそうだ。

その後、ロッタは床擦れが悪化したために再び入院し、そのまま亡くなった。彼女の寿命は自宅生活によってむしろ縮まったのかもしれない。だが私は、行政の医療・福祉関係者がロッタの死後にそうしたケアの配置について悔やんでいるような言葉を聞いたことがない。

ロッタの残された方の足が切断された時、施設に勤務する医師のベンクトは「背が低くなったね！」と冗談を言った。ロッタは気分を害する風もなく、嬉しそうに笑っていたという。あるいは、何度も入退院を繰り返すロッタに「九つの命を持っているんじゃないかい」（猫は九つの命を持っているという言い伝えがある）とも述べたらしい。きわどいユーモアを発揮するベンクトは在宅生活を選択する人びとを強く支持している。「家で死にたいなら、家で死んでいいんだ」という彼の言葉を紹介して、親族介護者支援担当のハンナは「ナイスな言葉だと思う」と私に話した。

家で死ぬことを「ナイスだ」と言いきり、きついジョークを飛ばす彼らの強さはどこから来ているのだろう。この章では、高齢者の独居生活とそれを支える公的なケアサービスとサービスに携わる人びとの論理に焦点をあてる。これまで書いてきたように、人びとが年を取ってもひとりで暮らし続けること自体は新しい現象ではない。だが、それを支える福祉国家は、従来の「北欧型」からここ十年ほどの間に大きな方針転換を迎えつつある。こうした時代の推移は「ひとりで暮らすこと」にどのような影響を及ぼしているのだろうか。

マーリットの暮らしの配置

そもそもひとりで暮らす高齢者たちは、自分たちの独居状況をどのように受け止めているのだろうか。ここまで何度も書いてきたように、独居世帯の多いフィンランドでは、高齢者がひとりで暮らすこと自体はまったく珍しくない。子供世代と別居することが一般的である以上、結婚している人であっても配偶者に先立たれれば独居生活を営むことになるからだ。

群島町では、こうした高齢者たちの多くが町の中心部に立ち並ぶ集合住宅に暮らしている。第1章にも書いたように、群島町のカントリーサイドには一軒家が散在しているのだが、そこに暮らしているのは車を運転することができて家の修繕や維持の作業を自力でこなすことのできる人びと、つまり働く世代が中心である。こうした田園地帯に暮らす人びとの多くが仕事を退職した後に便利の良い街の中心地のアパートへ引っ越してくるのだ(［高橋 2013］第五章参照)。例えば第3章に登場するデイサービスセンター「老人の家」は、高層住宅の立ち並ぶエリアにあって、独居暮らしの比較的健康な高齢者をターゲットとしているし、ホームサービスもこれらのエリアに多くの利用者を擁している。

実際、私自身も群島町の中心部にある高層住宅に部屋を借りているのだが、隣人の多くは親元から独立したばかりの若者と高齢者、そして難民の人びとである。私の隣に暮らしているお婆さんも娘がすぐ近所に暮らしていて、しょっちゅう会いに来ているのを見かける。だから高齢者が独居しているからといって家族と疎遠であるとは限らないというのは、身近で目にする様子でもあるのだ。

このような暮らし方が群島町における「標準的な」老後である一方で、そこから外れた暮らしを選ぶ人もいる。「街」へ引っ越すことをよしとせず、住みなれた家に暮らす場合だ。あるいは、高層住宅に暮らしている高齢者の多くは、やがてはもっと緊密なケアサービスを受けることのできる居住施設に引っ越していくのだが、極端な高齢になっても高層住宅での独居を続ける人もいる。近くに家族や親族が住んでいなければ、天涯孤独の状態で暮らすことになる。こうした存在は、ケアワーカーたちの間でも話題になる。第1章に登場する羊の島のドーラがその典型である。ドーラのような人びとが面倒であるとか迷惑であるという口ぶりではなく、いつもそれなりのリスペクトが込められていたと思う。

こうしたケアワーカーたちとの会話を通じて存在を知ったひとり暮らしの高齢者にマーリットがいる。彼女の家はスーパーや福祉施設まで歩いて行けるような比較的便利の良い場所にあるのだが、九十代前半と高齢である上にフィンランド国内にいっさい家族が住んでいないことから、安全電話サービスが一日に一回はマーリットの安否確認を行うという約束を交わしていた。そうした特別な配慮によってひとり暮らしを成り立たせていることも、話題になるような暮らしぶりなのである。

安全電話（trygghetstelefon/turvapuhelin）は、群島町の緊急通報システムの一翼を担うサービスである。電話といっても腕時計のような形をしていて、時計盤にあたる場所にボタンがある。このボタンを押すと、利用者の家に設置されているスピーカーフォンから担当者の元へ自動的に連絡が行き、そのままスピーカーを通じて会話することができる。例えば転倒してしまって起き上がることができず、家に助けてくれる人が誰もいない時でも、このボタンを押せば外部に助けを求めることができるのである。

二十四時間体制で安全電話に応答しているのが「白樺の郷」サービスハウスに常駐するスタッフである。日中の担当者は一人なのだが、夜間シフト（午後九時～翌朝七時）では訪問看護師と安全電話の受付担当者がペアで行動する。これは救急車を呼ぶといった判断に訪問看護師の知識が求められること、転倒した高齢者を助け起こすのは人間一人の力では難しい場合が多いことが理由であるそうだ。彼らはナイトパトロールと呼ばれ、サービス付き住宅群のケアステーションに待機している。

マーリットは毎日午後二時から五時ごろに安全電話のボタンを押す。ボタンが押されると、担当者の持つ携帯電話が鳴る。担当者が電話を通話状態にすると、自動音声が独特のゆっくりとした棒読みで安全電話のボタンが押されたこと、発信者が誰であるかを告げる。

「きっとマーリットだよ」長年にわたって安心電話の受け付け担当を務めるピーアは、悠長な自動音声を聞き流しながら私に言った。夕方のほぼ同じ時間帯にボタンが押されるので、予想もつくわけである。自動音声の案内が終了すると、利用者と電話がつながる。ピーアの予想は的中し、電話口のマーリットは今日も元気でやっていることを告げた。もしマーリットがボタンを押さない日があれば、安全電話の担当者が様子を確認しに行くことになっている。だが、今のところ彼女がボタンを押し忘れたことは一度もない。

そうした安全電話の応対によって長年電話越しの声を聞いていたマーリットの家を実際に訪れたのは二〇一八年のことだ。広い庭のある平屋造りの家は、安心電話のオフィスからほど近い住宅街にあった。夫が死去して以来、三十年間ひとりで暮らしているという。マーリットの子供も既に亡くなっており、二人の孫はスウェーデンに暮らしている。息子の妻もスウェーデンにいて、毎週日曜日に電話してくれるけれども滅多に会うことはない。兄弟姉妹はフィンランド沿岸部の他の町に住んでいるが、お互いに年を取っているのでこちらも訪れる機会は少ないという。クリスマスも夏至も、彼女はひとりで過ごす。

（一人でいることは）そんなに大変じゃなかったと言えると思う。私はいわゆる隠遁者というやつで……これまでの人生も自分の道を貫いてきたから。未亡人になった時、他の人は私が新しい誰かを見つけるだろうって考えていた。でも、私は自分だけで何とかやって来た。自分だけでたくさんのことをやってきたのよ。

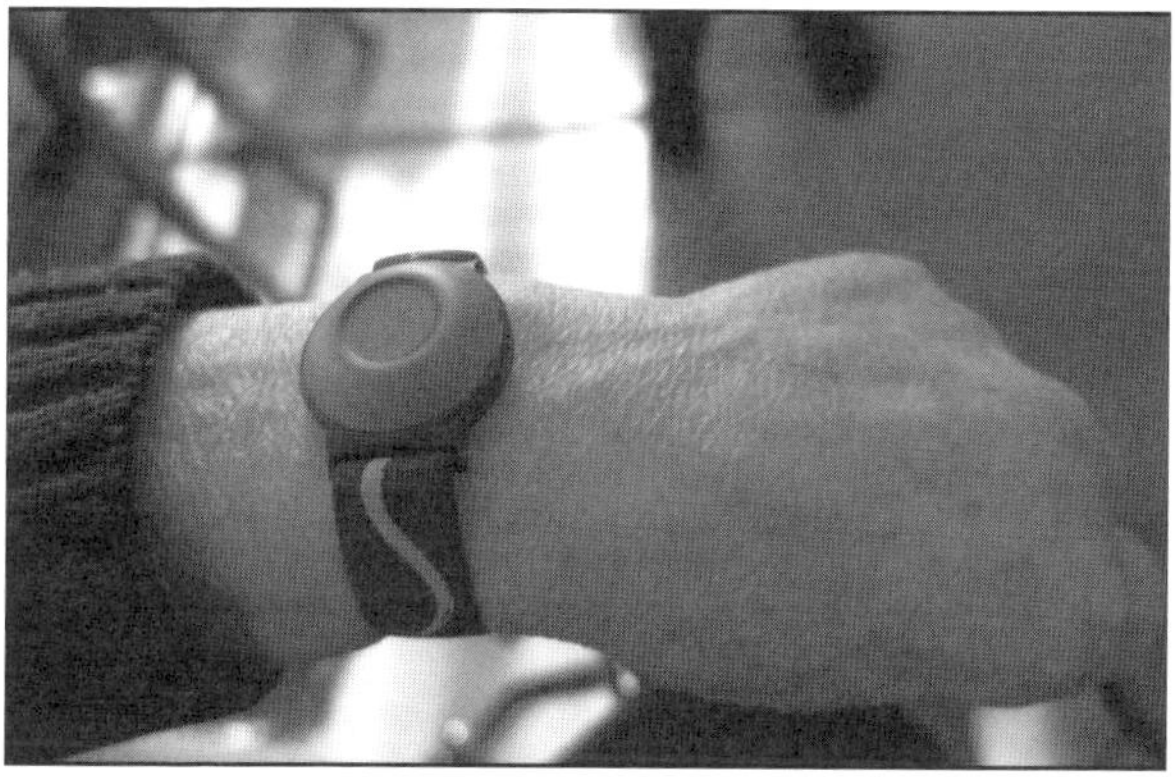

安全電話。真ん中の部分を押すと、担当者に電話がつながる。

実際には、マーリットは自宅に暮らし続けるために様々な知り合いから手助けを得ている。安全電話と特別な契約を交わしているだけではない。雪かきや芝刈は隣人が手伝ってくれる代わりに読み終わった新聞を交換するという約束もしている。突発的な助けが必要なときは、赤十字のボランティアに頼んでいる。行政サービスの一般的なケアプランに含まれないようなとりきめや多様な支援者へのチャンネルを切り拓いたのは彼女自身であり、生活を維持し続けるための配置は彼女が長年にわたって整えてきたものである。

ただし、マーリットは隣人やボランティアと日常的に交流しているわけではないようだった。例えばマーリットの隣人は、自分の家の周囲を雪かきする際に、ついでに彼女の庭も除雪してくれるのだという。雪かきが必要であるとマーリットの方から伝える必要はない。長年に渡る隣人としての信頼関係に基づいているのだろうし、それはそれで素晴らしいことだと思う。だが、彼女は一日にどれくらいの時間、誰かと対面で会話をしているのだろう。

それでも、自分の現在の状態は自分の選択の結果だとマーリットは語った。なぜなら、故郷（群島町の近隣の島）を出たのも教師という職業を選んだのも自分自身であるからだ。

私が若い頃は、教師っていうのは……例えばダンスにいくと〝なあ、誰が教師と踊りたいと思うかい、まさかね〟って。そういう感じだったの、分かるでしょう。そういう習慣が、教師というのはちょっと余計みたいな習慣があって。だから、仕事のせいでわが道を行っていたし、いつも仲間がいたわけじゃないのよ。（中略）そういうわけで、私の生徒だった人びとは、今でも出会ったらとても丁寧だけど、親しいわけじゃないの。だって彼らは生徒なんだもの。

マーリットの語りからは、彼女のように比較的健康で、ホームサービス・訪問看護を受けていない人であっても、一軒家に暮らし続けるためには雑多な手助けが必要となることがみてとれる。そうした手助けは、第2章で紹介したように、家族や親族から差し伸べられることが多いけれども、近所の人やボランティアといった人びとにそれを求めることも可能である。そうした自分なりのケア・ネットワークを編成してきたことにこそ、彼女は自立性を見出しているのだろう。

だからこそマーリットは、自分は「ひとり」で暮らし続けてきたのだという誇りと、そして現在の生活は自分で選び取ったものだからという、「ひとり」であることへのあきらめ混じりの納得の気持ちを同時に抱いているようにみえる。

だが、そもそも「選ぶ」というのはどれくらい他者から独立した行為なのだろうか。

2　強い選択

ボタンの適用範囲

私たちは絶えず無数の選択肢の中から何かを選び取りながら生活している。ほとんどの場合、その選択は主体的なものではない。例えばインターネットで何かのサービスを利用するとき、規約に同意するボタンを押さないと利用を開始することができないというのはよくあることだ。多くの人は法律用語のちりばめられた長文を読まずに同意しているのではないだろうか（同意を求めているサービス提供者側も、利用規約に一言一句目を通すユーザーは少ないということを承知しているように思える）。

こうした想定の範囲内で選択するという行為をこの本では仮に「弱い選択」と呼んでみ

たい。これは、菅原和孝がコミュニケーションを「強いC／弱いC」に分別したことに倣っている［菅原 2006］。菅原は、「「強いC」とは〈相互疎通〉つまり「わかりあう」ことである。「弱いC」とは「他者のふるまいや姿のなかに現われるなんらかの顕著さに思いをこめる」ことである」［菅原 2006：90-91］と定義している。選択も人びとの間で発生するコミュニケーションの一種であるととらえるなら、ユーザー規約のように多くの人が同意すると最初から了解されている場合もあれば、まったく想定外のものが選びとられることもあるのは、コミュニケーションの強弱の問題として解釈できる。

そこで、当初から想定された（たいていは大多数の人と同じ）ものを選び取る「弱い選択」と、想定外の（基本的には少数派になるような）ものを選び取る「強い選択」というように分けて考えてみよう。強い／弱いの区別は、選択する本人の意思の強弱とは必ずしも連動しない。強い意思を持って想定内の選択をする場合もあるだろうし、何となく選び取った結果がユニークだったということもあるからだ。

前述のマーリットも、安全電話のサービスを安否確認のツールとして利用する取り決めを交わしている点、サービス付き住宅等ではなく住み慣れた家に一人で暮らし続けている点で、比較的強い選択をしていると言えるだろう（長い独居暮らしそのものは家族状況と職業選択が重なり合った結果でもあるので、どれほど主体的な選択であるのかはうかがい知れない部分がある。だが、くり返しになるけれども、意思と選択の強弱は連動しない）。

群島町の安全電話は、こうした選択の強弱が浮き彫りにされやすいサービスである。利用方法はボタンを押すというシンプルなジェスチャーであるし、転倒や体調悪化が通報する必要のある緊急性の高い事態としてはっきりと想定されているからだ。

実際、本来の目的以外の形で安全電話のボタンを押しているのはマーリットだけではない。二〇一五年八月に緊急通報システム担当者の一か月の出動回数と理由をカウントしてみたところ、全六百八十七回の出動のうちでもっとも多かったのは百二十三回のトイレ介助であり、次点は百十回の寝返りだった［高橋 2019a］。寝返りは「白樺の郷」サービス付き住宅に暮らす寝たきり居住者からのコールであり、昼間であればホームサービスのケアワーカーがこなす業務を、夜間は安全電話の担当者（ナイトパトロール）が請け負っているものである。そもそも寝返りをうたなければ床ずれという危険な事態を引き起こしてしまうので、寝返りのために安全電話のボタンを押すことはサービス提供者にとって想定内の「弱い選択」であると言えそうだ。

では、トイレ介助の方はどれくらい強い選択なのだろうか。

＊

二〇一四年十二月にナイトパトロールに同行した時のことだ。

午前〇時三十分に「白樺の郷」のサービス付き住宅に暮らす女性から、トイレに行きた

表4-1　緊急通報システムの1か月の出動回数（2015年8月）
［髙橋 2019a］から再掲

電話応対あるいは出動の内容	回数	全対応に占める割合	出動の有無	ボタン／扉アラームの有無
徘徊（実際には在宅の場合を含む）	32	4.7%	*在宅が確認された場合は出動なし	アラームを感知
転倒（怪我には至らない場合を含む）	34	4.9%	出動あり	ボタン
トイレ介助	123	17.9%	出動あり	ボタン
寝返り	110	16%	出動あり	ボタン
寝る準備（訪問看護チームとの契約）	97	14.1%	出動あり	なし
様子確認	73	10.6%	出動あり	なし
テスト	34	4.9%	出動なし	ボタン
定期連絡	31	4.5%	出動なし	ボタン
間違い	32	4.7%	出動なし	ボタン
朝の支度	20	2.9%	出動あり	なし
サービス付き住宅への転送（手が離せない場合）	10	1.5%	出動なし	ボタン
医療処置・投薬	10	1.5%	出動あり	ボタン
その他	81	11.8%	*表4-2参照	

いという連絡が入った。担当者のカリンはすぐには出発せず、しばらく編み物を続けながら、訪問看護師のマルタが往診から戻るのを待っている。十分ほどでマルタが戻り、私も含めた三人でサービスハウスを出る。鍵を開けて利用者の家に入ると、二人は彼女をベッド脇の簡易トイレに座らせ、続き部屋ではあるがベッドからは死角にあたるキッチンで待機した。済んでから簡易トイレを洗浄して、辞去した。

この日は午前一時三十分にも再びボタンが押された。サービス付き住宅に暮らす別の女性から、排泄介助の依頼である。行ってみると、すでにベッドに座って待っている。彼女は身体が大きいので、二人がかりでも持ち上げることは難しい。「リターン」という補助具を使って立たせ、向きを変えてから簡易トイレに座らせる。キッチンで待機、洗浄してから辞去した。カリンによると、だいたい毎晩、一時から二時の間に同じ利用者からの呼び出しがあるという。

＊

この夜、トイレ介助を依頼した高齢者たちはいずれもオムツをつけていた。つまり、便器を用いなくとも排泄はできるはずなのだ。もちろん、オムツで排泄するよりも便器を使う方が比べ物にならないほど快適だろうし、オムツに抵抗感を感じる人も当然いるだろう。誰もオムツで排泄したいわけではない。

それでも、オムツを使用する安心電話の利用者のほとんどがボタンを押していない。全員がトイレで排泄するための介助を求めてボタンを押せば、群島町の緊急通報システムはパンクしてしまうだろう。カリンののんびりとした対応からもわかる通り、緊急通報を待つ合間にトイレ介助へ行っているので、実際には業務を圧迫する事態にはならないだろう。だが、ボタンを押す人が今以上に増加すれば出動自体を拒否することになるかもしれない。だから、トイレ介助の単純な出動回数は多いけれども、ボタンを押す動機としてはかなり強い選択である。

では、オムツをつけている高齢者の全員がトイレ介助を要求してきたら困るので、そうした理由でボタンを押すことをルールとして全面的に禁止すべきなのだろうか？　トイレ介助を依頼する人の中には、オムツから排泄物が漏れてしまったのでベッドパッドを交換してもらったことをきっかけとしてトイレ介助を依頼するようになるケースも多いので、そもそも全面禁止にする合理性はあまりない。では、そうした出来事を経ずにオムツを使いたくないからトイレ介助を依頼している人だけでも断るべきだろうか。今のところ、群島町ではそういう議論にはなっていない。

日本では、大半の人は我慢しているのだから少数のわがままを許すべきではないというロジックをよく耳にする。特に公的な社会福祉制度と関わる場面では、集団の中の一人にとりわけ注力するのはずるいことだから避けるべきだと考えられているようだ。だからこそ生活保護なども生きていくためのギリギリの水準まで引き下げることが正当化されているのだろう。こうした考え方は必ずしも普遍的なものではない。なぜなら、私は群島町において「他の人が我慢しているのだからわがままを言うべきではない」という主張を耳にしたことがないからだ。それはどうしてなのだろうか。

一つには、公的な援助によって少し楽をする人がいたとしても、援助を受けていない人が楽をしている人から直接危害を被っているわけではないのだから非難する筋合いではないという考え方があるような気がする。また、あなたがトイレ介助を我慢してオムツで排泄しているとしても、その我慢の度合いが他の誰かと同じくらい強いのかどうかは、決して知りえないという見方もありそうだ。つまり、人間は一人一人が異なる感覚や考え方を持っているのだから、そこに介入すべきではないという個人主義の思想が通底しているのではないだろうか。

切実さの理由

このように考えてみると、緊急通報システムの出動理由の「その他」という項目が意味深く思えてくる。前掲の表では、転倒でもトイレ介助でも寝返り介助でもない、雑多な理由でボタンを押すケースが八十一回カウントされている。その詳細は次のとおりである。

このなかで体調不良を訴えているケース、例えば「血圧が高い」「息が苦しい」といった急変の連絡は、雑多であるとはいえ想定内の「弱い選択」であると言えそうだ。「薬が欲しい」というのは基本的に鎮痛剤のことで、鎮痛剤を飲みすぎてしまわないようにケアワーカーが管理している場合は要求に応じて薬を渡しに行く。「ベッドに戻りたい」というのは、例えばトイレに自分で行ったものの転ばずに戻る自信がなくなってしまった場合などで、転倒を警戒しての予防的措置であると言えそうだ。いずれも緊急性は高く、選択としては弱い。

一方で、安全電話を「電話」として使っているケース、つまり「フットケアを申し込みたい」、「ホームサービスはまだか」といった問い合わせの緊急性は低い。緊急通報システムはサービス付き住宅群のケアステーション内に事務所を構えており、群島町の各ホームサービスチームとも緊密に連携している。だから、人びとはホームサービスの電話番号がすぐに分からない時にボタンを押すことで伝言を頼むのだ。こうした気軽な使い方はどう考えても緊急性が低く、想定外であるという意味では選択としても「強い」。ただ、応答する側の負担も軽いので、担当者はいつも気軽に伝言をうけおっているようだった。

私が一番考えさせられたのは、「爆発音が聞こえる」（実際には港の花火であった）、「サイドテーブルのコップを倒してしまった」、「携帯便器を空にしてほしい」、「窓を閉めてほしい」といった一見些細な依頼である。これは内容の雑多さからしても、担当者の出動が要求されている点からしても、トイレ介助と同じくらい強い選択であると思う。だが、一件一件の詳細を聞いてみると、ボタンを押すのはもっともであると感じることが多かったのだ。

例えば窓が開けっ放しだから閉めてほしいという依頼が来た日は、夜に雨が降っていたのだという。自分はベッドに寝たきりで締めることができない。雨が吹きこんできているかもしれないと心配しながら一晩中寝ているのは辛い状況ではないだろうか。コップの中身でベッドが汚れてしまった状態も同じである。濡れた布団に横たわってどうすることもできないまま朝を待つのも、自分がその状態に置かれていたらと想像すると、些末なことだと片づけることはできないと思う。港の花火も同じで、これは八月最後の土曜日の夜に開催される「古代の灯」(Forneldarnas natt/Muinaistulien yö) という夏の終わりを祝う催しのハイライトであるのだが、事情を知らずに爆発音だけを耳にしたらどんなに不安だろうか。

こうしてみると、高齢者の独居生活を脅かすような緊急性の高い事態は暮らしの細部に雑多な形であふれていて、そのすべてを予測することは不可能であるような気がしてくる。また、事態の切実さは主観的に判断されるものであり、周囲の人が「それは大したことのない事態だ」と言う筋合いではないとも思えてくる。

表4-2　「その他」に分類されていた出動理由の詳細（2015年8月）
［髙橋 2019a］から再掲

出動回数	ボタンが押された理由
19	サポート靴下を履かせてほしい
13	ベッドに戻りたい
7	薬が欲しい
4	＊家族が代理でボタンを押している場合 父親が便秘であるようなので、薬が欲しいという息子からの連絡 夫の血圧が高い／妻の血圧が高い ホームサービスの訪問依頼の撤回（ベッドは自分で直したので来なくていい、と夫から）
3	ホームサービスはまだかという問い合わせ
3	おむつから漏れてしまった
2	血糖値測定
2	自分は薬を飲んだかという確認
2	背中にダニがいるのではないか
2	ジュース／コップの水をこぼしてしまった（サイドテーブルに置いていた）
2	携帯便器を空にしてほしい
2	窓を閉めてほしい
1	酔っぱらってトイレから出られなくなった
1	体を洗いたいがベッドから起きたくない
1	不安なのでトイレに一人で行きたくない
1	鎮痛剤をもらったが、まだ体が痛い
1	ホームケアについて質問したい
1	息が苦しい
1	足がけいれんしている
1	フットケアを申し込みたい（ホームサービスチームに連絡してほしい）
1	安全電話のアームバンドが壊れた
1	本人がボタンを押したが、理由は覚えていない（一人で暗闇の中で椅子に座っていた）
1	カテーテルが外れているような気がするから確認してほしい→問題なし
1	フットレストが取れてしまった
1	カテーテルが外れた
1	爆発音が聞こえる（→港の花火だった）

安全電話の担当者たちは、こうした一見すると些末な呼び出しに鷹揚《おうよう》に応えている。時期が異なるので上記の表には登場しないのだが、第2章に登場する森の中の家で暮らすエリスが安全電話のボタンを一晩に何度も押したことがある。「雷が鳴っていたのよ。怖かったのね」と説明する担当者の口調からは、それが迷惑な事態であるという含みはまったく感じられなかった。人里離れたところにひとりで住んでいるのだから、嵐の夜はさぞかし怖いでしょうという単純な共感こそが、これまで群島町の高齢者ケアの現場を支えてきたのではないだろうか。

共感する余裕

「他人のことなどわからない」と言うとき、私たちは同時に「ある部分まではわかる」ことも主張している。例えばデザートにリンゴを食べることが好きな人がいるとしよう。それに対して、私だったらミカンの方がいいのに、リンゴが好きなんて不思議な人だなあという感想を持ったとする。このとき私は、デザートに果物を食べるという点までは他者の行動に納得しているのである。

同じように、群島町の高齢者ケアの現場において利用者たちが「強い選択」をするとき、ケアワーカーたちは利用者が選択に至る思いの強さを正確に知ることはできないけれども、思っている内容自体には共感しているのだと思う。

＊

高齢者福祉ユニットチーフのギアとお喋りしていたときのことだ。町営の居住型介護施設に転居したばかりの女性のことが話題に上った。彼女は夫と共に群島町の端に位置する「魚の島」という名前の小さな島に住んでいたらしい。もともと漁師をしていたという彼らはそれほどの高齢というわけではなかったけれども、妻は重度の認知症を患っており、夫は糖尿病をはじめとする身体的問題を抱えていた。しかも「魚の島」は小さな島であり、老夫婦の他に住民はいない。ケアワーカーたちは、彼らの家を週に二回訪問していた。

フェリーは通っていないので、小さなモーターボートで海を渡っていたという。

しかし、冬季になると海に氷が張り、ボートを使うことはできなくなる。氷が割れる可能性があるので歩いて渡ることも危険である。夫婦の娘はヘルシンキに暮らしていたが、ギアのところに電話してきて、冬季もケアワーカーが訪問するように要請したという。氷が薄くて危ないからとギアが断ると、コツを知っていれば氷の上を歩いて渡ることは可能だと主張したそうだ。しかし、それは地元の人にしかできない技である（自分のお爺さんも上手だった、とギアはつけくわえた）。そこで、海上警備隊に依頼してケアワーカーを送迎してもらったらしい。

ところが、つい最近夫は心臓発作を起こして亡くなった。残された妻は町の長期療養施設へ引っ越すことになった。しかし、彼女はまったく順応しておらず、認知症が重篤化したため、まったく落ち着かない。それでもギアは、こういう形で決着がついたことにほっとしている。なぜなら、夫が倒れた状態が何日も続き、妻が外を徘徊するという最悪の結果もあり得たからである。そうしたリスクを負っていたにもかかわらず、ギアたちにできることは何もなかった。彼ら自身が移動を拒否していたのだし、その決定を無視することはできないからだ。

私が「二人きりで島に住むなんて、若かったらずいぶんロマンチックだね」と言うと、「私にも彼らの気持ちは分かる」とギアは言った［髙橋 2013 : 152］。

「自分のお爺さんも氷の上を歩くのが上手だった」、「彼らの気持ちは分かる」といったギアのコメントには、彼女自身の共感が込められている。それは、ギアも群島町で生まれ育ってきた人間であることに基づいているのだろう。もちろん、共感の気持ちは必ずしも土地に根差している必要はない。

＊

パトリックは群島町のホームサービスを利用している七十代の男性である。下半身が麻痺していけれども、車椅子を使いこなすことで、パーソナル・アシスタントの手助けを受けつつ、郊外の一軒家でひとり暮らしをしている。あるケアワーカーは、パトリックについて「奥さんが亡くなったあとも（現在の家にひとりで）住み続けることにしたのよ、シス（sisu：fin）があるから」とコメントしていた。

群島町のホームサービスチームは週に三回パトリックの家を訪れる。彼が排泄するためだ。自力でいきむことができないので、ケアワーカーが訪れて肛門を指で刺激し、排便を介助する。麻痺している人にとっての一般的な排泄方法は、浣腸をしておいてオムツをあてることだ。だが、彼はそれを望まなかったので手動での介助という方式がとられている。

この日、私はホームサービスチームのケアワーカーであるヘイディに同行していた。パトリックの家に到着すると、さっそくパトリックは車いすから簡易便器に移った。ヘイディはゴム手袋をつけてパトリックの足元に座り、刺激を開始した。かなり時間を要する作業であるらしく、三十分ほどにわたって排泄介助が続く。その間、二人はクリスマスの過ごし方などについて陽気におしゃべりをしていた。おそらく間の悪さを紛らわせる意味もあるのだろう。排泄が済んだ後にシャワーを介助し、着替えるところまでを手伝って業務は終了である。

パトリックの家を辞去してからヘイディは、排便介助について専門学校で習ったけれども、それを実際に望む人は珍しいと私に話した。「でも、彼の選択は分かるわ。そちらの方がずっと快適で清潔だもの。慣れればそれほど決まり悪い業務というわけでもないし」
シスというのは、逆境においてもあきらめずに物事を遂行する決意や勇気を意味するフィンランド語で、しばしばフィンランド人の国民性と結びつけて語られる。それをパトリックが持っているというケアワーカーのコメントは、パトリックに対する賛辞である。また、ヘイディも時間を食う業務につきながらネガティブなコメントは一切していない。もちろん、それ自体は職業上のモラルの問題である気もするけれども、パトリックが「強い選択」をする気持ちはわかるとも述べていることも見逃すべきではないだろう。

このように、他の利用者よりも多くのサービスを要求する人びとについて、サービスを提供する側のケアワーカーたちはむしろ好意を込めて語る。もちろん共感を抱いて、「わかる」部分を設定することで、同時に「わからない」部分も設定される。島に住み続けたい気持ち、オムツで排泄したくない気持ちをおもんぱかることができたとしても、それをどれほど強く望むか、どれほど切実であるのか、他人の気持ちの強度は誰も正確に測ることはできない。推しはかることのできない部分を「シス」と呼ぶことで、他者の強い選択を受けとめているようにも見える。

ただし、ケアワーカーたちの利用者の強い選択に対する鷹揚な理解は、あくまでも働く側に時間と労力の余裕があるからできることでもある。誰だって忙しすぎる時に余計な仕事が降ってくれば愚痴を言うだろう。それは群島町であっても同じである。例えば、ケアワーカーの病欠が多い日などは群島町のホームサービスチームも余裕がなさそうにしているし、いらだった様子をみせることもある。それでも、平常運転の時であればロッタやパトリックや魚の島の夫婦のことを、共感をこめて語ることができるくらいには時間と心の余裕があるのだ。それは、特別なサービスを要求しない人びとにとっても望ましいことでありはしないだろうか？

このように私が考えるのは、群島町においてもこうしたエクストラの労力を抱え込むための余裕が失われつつあるからだ。

3　新たな自由

ケアの値段

高層住宅の立ち並ぶ地区までトイレ介助に急行した帰り道、緊急通報システムの担当者であるピーアが「これは面倒くさいわ」と愚痴をこぼした。

今はそれほど他の仕事が忙しくないから大丈夫だけど、でも出動するたびに五ユーロくらい取っても良いんじゃないかしら。T市（近隣の大都市）では安全電話のサービスを自治体がやっていないから、個人で（私企業と）契約しないといけないのよ。そうすると、一回訪問するたびに三十六ユーロ払うの。それは高すぎるけど、でもお金を払うとなれば、人は何度も呼んだりしないんじゃないかしら。群島町では月に二十四ユーロ払うだけで、何度でも呼べるのよ。［髙橋 2019a］

この日はたまたま緊急通報システムにとっては忙しい一日だった。他の部署の手伝いや町立病院までの使い走り、安全電話の設置作業が重なったのだ。普段ならピーアもトイレ介助に機嫌よく向かっている。

とはいえ、確かにピーアが指摘している通り、ヘルシンキをはじめとする大都市では安全電話の値段は月極のどんぶり勘定から一回ごとの価格へと移行している。これは民間企業との個人契約が増えていることが原因だろう。利益をあげるためには、何度も安全電話のボタンを押すイレギュラーな利用者からも十分に料金を支払ってもらう必要があるからだ。

ピーアの予測通り、人びとが安全電話のボタンを押さなくなるかどうかは分からない。トイレ介助やベッドに水を零《こぼ》してしまった利用者も切実な動機でボタンを押しているのかもしれないからだ。一方で、高齢の母親がくだんのT市で安全電話サービスを利用しながら独居しているという子供の話を聞いたことがある。この人物は、安全電話の担当者が出動すると一回ごとの料金が派生するということを母親には黙っているのだそうだ。転倒のような本当に危険な事態に陥っても節約の気持ちから連絡を控えてしまうことを心配しているからだという。そのような話を聞くと、都度課金という方式が必ずしも良いとは思えなくなってくる。

だが、大都市から始まった料金制度は、ゆっくりとではあるが確実にフィンランド全土へと広まりつつある。なぜなら、料金体系の厳密化はフィンランドにおける北欧型福祉国家の新自由主義化という流れの一環であるからだ。

日本でも昨今は「ネオリベ」という愛称（？）で知られるようになってきた思想は、とても幅広い現象の背後にあるせいで、一般に全体像が把握されていないように思う。ここで敢えて人類学者の定義を採用するなら、新自由主義とは「民間企業に価値を置き、国家を疑い、〝自由主義市場フェティシズム〟と時に呼ばれるようなものを伴うマクロ経済的な教義」である［Ferguson 2009：170］。それはまた、企業モデルを導入することで国家をビジネスのように運営することを可能にする思想であるという。こうした考え方は北欧型福祉国家の思想である社会民主主義の対極にあるように思える。戦後に北欧諸国が築き上げてきた大きな国家を縮小する試みに批判や抵抗はないのだろうか。

だが、考えてみれば従来の社会保障の大きな体制を崩さずに営利企業の論理を導入することは十分に可能なのである。社会サービスの民間へのアウトソーシングや、自治体のサービス供給組織の効率化を進めることもまた、新自由主義の教義から生まれてくるものであるからだ。実際に北欧諸国では近年、ケア制度の民営化、市場化が急速に進んできた

［Meagher & Szebehely (eds.) 2013］。例えばスウェーデンではニ〇一一年時点ですでに、地方自治体が買い上げているケアサービスのうち、営利企業が提供するものが八七パーセントとなっており、自治体が運営しているのは三パーセントにすぎない［Erlandsson et al. 2013 : 49］。それに比べるとフィンランドではこれまであまり市場化が進んでこなかった。二〇〇九年の時点で、公的機関に雇用されているケアワーカーの割合は六八・三パーセントとスウェーデンよりはるかに高い。また、NPOによる雇用も一七・二パーセントを占めており、営利企業に雇用されている割合は一四・五パーセントにすぎない［Karsio & Anttonen 2013 : 107］。

だが、フィンランドでもここ数年で一気に状況が変化してきた。ヘンリクソンとヴレーデによれば、フィンランドにおいてもこれまでの大きな福祉国家からの変容が起きているという。それは「公的セクターが財政と制御についての主たる責任を引き受け、公的・私的生産者がサービスを供給するという構造に基づいた、より開かれた競争としての福祉ミックス」［Henriksson & Wrede 2009 : 123］を導入するというものである。

ただ、群島町における民営化のスピードは都市部と比べて遅い。ケアセクターの営利企業は村落地域への進出に消極的であるからだ。特にホームサービスの場合は人口の集中している都市部のほうが移動コストは低くなるので利益が上がるようだ。また、群島町は二言語併用自治体であるので、医療・介護サービスもバイリンガルに提供することが法的に義務づけられている。しかし、スウェーデン語とフィンランド語を両方とも流暢に話すことのできる人は貴重なので、充分な数のケアワーカーを雇用することもかなり難しい。だから、群島町への民間セクターの流入はこれまでは比較的規模が小さかった。

その代わりに進んできたのがマネジリアリズムの思想に基づくケアサービスの組織改革である。マネジリアリズムとは、「合理的でビジネスライクな視点に基づく組織的・政治的選択に関わる意思決定の計算」[Clarke 2009：36]を具現化するガバナンスの様式である。この理念によればケアワークの実績は監査され、無駄を省いて改善されなくてはならない。

例えば、群島町では二〇一〇年頃からホームサービスは組織をより効率的に運営するための様々な技術を積極的に導入してきた。特に現場へ大きな影響を与えているのがNICTs（new information and communication technologies）である。二〇一三年から群島町ではケアワーカー全員にスマートフォンが支給され、訪問先での滞在時間と業務内容を記録することが求められるようになった。利用者宅の扉に貼られたクイックレスポンス（QR）コードを読み取ることで、サービスプランと連動したプログラムが自動的に立ち上がるようになったのである。

技術導入の利点は、利用者とその家族に対してサービスの透明性が確保されるところにある。群島町では、安全電話と同じようにホームサービスも月極の値段設定を取っている。価格自体は年金の受給額に応じて決定されるのだが、その価格で一日に四回までの訪問が可能となり、滞在時間も問題とされない。こうしたどんぶり勘定の価格体系は、例えばロッタのようなケースにフレキシブルな対応を可能とするのだが、一方で利用者とその家族はホームサービスの価格が正当なものであるのか疑念を抱くことがある。本当にケアワーカーは十分な滞在時間を取ってくれているのかといった疑いに対し、QRコード報告システムは利用者宅で過ごした時間や業務内容を示すことで、ケアワーカーが業務内容を省略せず、利用者宅で価格に見合った時間を過ごしていると証明できるというのである。つまり、システムは利用者にホームサービスの価格の正当性を評価する機会を提供するのだ。

こうしてみると、マネジリアリズムに基づく改革によって保証されたのは市民の自由ではなく、消費者としての権利であるように思える。つまり、客としてクレームを申し立てて情報を得ることができるようになったのである（このあたりの理論については、［高橋 2019b］で概観しているので、そちらを参照のこと。なお、後述の最適化プログラムについても詳しく分析している）。

問題は、こうした透明性の確保のために事務仕事の量が増え続けていることだ。QRコード報告システムにしても、導入によってケアワーカーの業務は明らかに増えた。この点について、高齢者ケア課でプロジェクト・マネージャーをつとめるアイラは次のように説明した。

アイラ「一番大切なのは、（カスタマーの）望みに耳を傾けることよ。私たちがその望みをかなえる必要はないの。カスタマーが散歩に行きたければ、ボランティアに連絡すればいいでしょう」
私「それって赤十字の友達サービス？」
アイラ「そう。家の掃除だって、前は近接介護士の仕事だったけど。今は民間企業がやっているでしょ。買い物だったら、代行センターに連絡する。だから、時間はあるはずなのよ」

つまり、アイラによれば福祉ミックスを作ることで自治体のケアワーカーは利用者の要求に応じたケアプランを作成したり、まめに報告書を入力することに専念できるというわけである。しかし、実際には赤十字にホームサービスを代替するだけの十分な人員がいるわけではない。この点について、あるケアワーカーは次のように語った。

群島町には、すべての社交的な業務を在宅介護からアウトソースできるほど十分なボランティアがいるわけじゃない。やる気のあるボランティアがいたとしても、カスタマーは少なくとも一週間前にはリクエストしなくちゃいけないでしょう。ボランティアとカスタマーの間で固定的なアレンジを交わすことは可能だけど、例えば週に一回火曜日の午後に散歩に行くとかね。でも、カスタマーだって突然気が変わるかもしれない。急に雨が降ったら？　そりゃあ外へ出たくないでしょう。私たちケアワーカーがカスタマーのニーズにフレキシブルに応える方がずっと簡単よ。

新自由主義と社会民主主義は利用者の権利を重んじる点でよく似ている。でも、マネジリアリズムに基づいて効率化されたケアは、これまでよりも商品としての輪郭をより明確にしていく。つまり、値段はどんぶり勘定ではなく、十分に前もって契約した内容のサービスを受け取るようになる。新自由主義的な「カスタマー」は自分の欲しいものをよくわかっている人間だから、そこに曖昧な「余裕」の入るすきはないのだ。しかし、こうしたサービスの厳格化は、ケアワークの余裕を削っていく。それをめぐるコンフリクトが表沙汰になったのが「最適化プログラム」の導入をめぐる騒動である。

最適化されたケア

群島町では、ホームサービスに従事するケアワーカーのシフト作成が大きなタスクとなってきた。群島町には二つのホームサービスチームが存在し、基本的にはそれぞれ十二人の常勤職スタッフによって六十名前後の利用者を担当していた。でも、利用者は一人一人が異なる種類の支援を必要としており、そのニーズは日々更新されていく。常勤職スタッフは法定の休暇によって仕事を離れている時期も年に二か月近くあるほか、病欠や育児休暇等を取得する者も多いために、常に何らかの形の代理職がホームサービスチームに加わっている。シフト作成が複雑で時間を取られる作業であるのはこのためだ。

そこで、群島町の高齢者ケアユニットは〝最適化プログラム〟と呼ばれるソフトウェアを導入することで、シフト作成の自動化を図ろうとしてきた。このプログラムは労働力の配分ともっとも効率的なシフトスケジュールの作成を可能とするものとされている。フィンランドの公的な研究開発エージェンシーである Tekes はこのプログラムをホームサービス事業における人的資源の配分ツールとして位置付けており、ホームサービスの管理を改善し、どこの自治体にも簡単に複製できるモデルであると評価している［Tekes 2014］。

ところが、最適化システムは群島町と開発業者との間で二〇一四年十月に契約が締結されたにもかかわらず、二〇一九年冬の時点で、まだ平日の夜間シフトのみで試験的に利用されているだけだった。ホームサービス業務の主力となる日中シフトと休日シフトは現在も手動で作成されている。群島町はこのプログラムを作成した会社に対して少なくない金額を毎年支払っており、管理職の人びとはできるだけ早くシステムを利用開始することを望んでいる。ところが最適化プログラムの導入には多くの障害が立ちはだかり、少なくとも四年以上にわたってシステムは試用段階に留まってきたのである。

プログラム導入を阻んだ最初の障害は、訪問先までの距離の見積もりが間違っていたことである。直線距離は近くとも道路の関係で遠回りをしなくてはならない場合がある上に、島と島を繋ぐ橋は可動式であり通れない時間があることが考慮されていなかった。元々は都市部をモデルに設計されていたために、農村部で利用するためには設計サイドでの再調整が必要となったのである。

次に発覚した障害は、人的資源の不足である。二〇一五年九月にホームサービスチームのリーダーたちがプログラムをテスト運転してみたところ、作成されたシフトは実現不可能なものだった。ケアワーカーたちが利用者宅で定められた時間を過ごし、規定の休憩を取った場合、シフトを満たすだけの人員が足りないことになってしまう。実際に雇用されているケアワーカーは、プログラムが推奨する人数よりも少なかったのである。

そこでホームサービスの管理職チームは全利用者のケアプラン見直しを決定した。プログラムによれば、午前中に訪問すべき利用者数が午後と比べてずっと多いという不均衡が生じていたからだ。これは、シャワー介助が朝に集中していることが原因である。そこで、午前中の訪問を約束している利用者に対して午後への移動を依頼することになったのである。だが、既に少なすぎる人数でシフトをこなしているケアワーカーたちは、ケアプランを見直すための時間をねん出することが難しく、プログラム導入は大幅に先送りされてしまった。
とはいえ、最適化プログラムはこうした導入の工程上の問題のみによって批判されているわけではない。ケアワーカーたちは既に最適化プログラムが利用されている近郊の大都市の様子を聞き知っているからである。ホームサービスチームのケアワーカーであるヒルダは次のように説明した。

あの街（近郊の大都市）では、彼ら（ホームサービスの人びと）は身体的な衛生、投薬、それに食事の準備しかしないのよ。なにも社会的なケアはしないの。それって悲しいでしょう。でも、ヘルシンキでは何年も前からそんな感じだって聞いたわ。私たちは時間通りに働くんじゃなくて、利用者のニーズに合わせて働くべきよ。もし利用者が二十分の訪問が必要なら、それは問題じゃない。たった十分で良いなら、それもオーケーよ。もし、私たちが一日に四回、同じ利用者を訪問するなら、そのうちの一回が短い訪問でも大丈夫よ。利用者が夫婦で住んでいる場合もね。だけど、もし彼らが一人で住んでいるとしたら、彼らが本当に大丈夫なのかよく確かめなきゃいけない。利用者と一緒に座って、元気なのかよく聞かないと。あなたが彼らを心配していることを見せないと。利用者と物理的に一緒にいて、彼らが望むように一緒に何かをやるかどうかは、大きな違いなのよ。

ヒルダのプログラムに対する疑念は噂に基づいているだけではなく、実際的な判断にも拠っている。「もし利用者が入れ歯をなくしたらどうするの？」とヒルダは私に尋ねた。「もちろん、私たちは助けるでしょう！　でも、あのプログラムには追加の活動をするための時間は考慮されていないのよ」こうした現場からの懐疑に対し、高齢者ケアユニットの管理職チームはまったく異なる見解をとっている。例えばユニットチーフのギアは次のように語っている。

若い人たちは社会的な（コミュニケーションを目的とするという意味）業務はやりたがらない。でも、法に明記されているのよ。ホームサービスは身体的なケアだけではないって。最適化プログラムは、ケアの社会的な側面についても時間を割り当てる。このプログラムは、利用者が何をしてほしいのか、何が必要なのかをケアワーカーに教える。一日が計画できるでしょう。今は、彼ら（ケアワーカーたち）はそれぞれの訪問にどれくらいの時間がかかるか分からない。でもこのプログラムなら、お昼ご飯や書類作成やミーティングのための時間を取ることができる。それがケアワーカーたちにとってもフェアでしょう。このフェアネスの問題は自治体の評議会でも良く問題になるのよ。私たちは、ケアワーカー全員が同じ量の仕事をしているって説明できるでしょう。それがフェアなのよ。

ここでギアが〝若い人たち〟と呼んでいるのは、夏季休暇中の常勤職の代理仕事を行う学生のことである。ギアは彼ら訓練生が利用者個々人のニーズを考慮せず、教科書通りのケアを行いがちだと考えている。ギアにとって、最適化プログラムはケアワーカーと利用者の間のコミュニケーションを促し、ケアの質を保つための方法であるのだ。また、労務管理の観点からも、ケアワーカーたちは法定の休憩時間を取る権利を有しており、最適化プログラムはそれを保証するものであると理解されているのである。

これは一体どちらが正しいのだろうか。最適化プログラムは人間的なケアを可能にするのだろうか、それとも制約するのだろうか。いまだに導入されていない技術について、両サイドの主張の正否を判定することは不可能である。

ただ、ヒルダの主張もギアの主張も、実は同じある問題を念頭に置いた発言であることには注意する必要がある。二人ともソテ（ＳＯＴＥ）と呼ばれる制度改革が行われるという見通しの基に上記の発言をしているのである。

顧客の自由

フィンランドでは、随分前からソテ改革が行われると言われてきた。ソテのSoはSosiaali（fin. 社会的な）、Teは Terveys（fin. 健康の）の頭文字であり、ソテとは社会・医療サービス制度の同時改革の名称である。これまでは自治体の単位で供給されてきた社会（福祉）サービスと医療サービスを、それよりも遥かに大きな地方単位で供給するという計画である。ところがこれまでに何度も開始時期が延期されていて、ソテが話題に上るようになって十三年が経つというのに［Aamulehti 2018］、いまだに誰に聞いても、いつ始まるのかもどんな内容になるのかも分からないと言う。

群島町を含むエリアでは、とりあえず三十三の自治体が大合併することが決まり、そのためにサービスの水準を合わせるためのワーキンググループが幾つも組織された。その後、ソテの施行時期が二〇一九年四月の総選挙後に延期されたので、この三十三自治体という範囲で合併するかどうかも白紙に戻ってしまったのだが、ワーキンググループ内での話し合いではホームサービスや親族介護支援といった領域において合併にあたって直面するであろう様々な問題が洗い出された。

例えば親族介護支援に関するワーキンググループで問題となったのは、地方と都市部の格差である。第2章でも述べたように、群島町の一部地域は不便な地理的条件にあるため、都市部では親族介護者として認定されないような簡単なケア（例えば定期的な様子見と買い物など）を行う親族も介護者として認定されている。公的なサービスも民間のサービスも辺境の島々からはアクセスできないからだ。だとすれば、どのように親族介護者の認定基準を作り上げればいいだろうか（今のところは例外を認めるという方向で話がまとまっているようだ）。

また、T市のような大きな都市では、親族介護者に対する給与も群島町よりずっと少ない。だからおそらくは、大都市にとっては色々なサービス基準が改善する一方で、これまで他の自治体よりも良い待遇を取ってきた群島町は基準を下げることになるだろう。近隣の自治体には親族介護者のためのセンターがあるので、ソテによってサービスの供給母体が合併すれば、自治体を越えてサービスを選択することができるようになる。

あるいは、群島町を含む沿岸部にはスウェーデン語話者が多い。合併するとフィンランド語話者が圧倒的なマジョリティになるが、スウェーデン語話者にもマジョリティと同等のケアサービスへのアクセスが確保されるだろうかといった懸念がスウェーデン（語）系の自治体から表明されてきた［e.g. Östrobottens Tidning 2018；Yle Uutiset 2016］。

こうした様々な懸念と憶測の上に、前述の最適化プログラムについての解釈もなりたっている。既に大都市では利用が進んでいる最適化プログラムは、ソテ改革が実行されれば地方部にも共通の基準として導入されることが目に見えている。だからこそギアは今のうちに導入を進めておく必要があると判断したし、ヒルダは大都市のように時間に追いまくられる未来を予想したのだろう。

二〇一九年四月に行われる総選挙の結果として現在の与党が政権を譲りわたせば、おそらくソテ改革は修正を余儀なくされる。だが、たとえ改革が挫折したとしても、すでに着手された行政組織や制度の標準化を巻き戻すことはできない。だから、ヒルダやギアが予想する未来はいずれにせよやって来る可能性が高い。

はたして自分たちのペースで最適化プログラムを導入すればケアをめぐる「余裕」は維持されるのだろうか。それとも、「余裕」は失われるのだろうか。

4　まとめ——古い自由、新たな自由

この章では、自宅で独居生活を送る高齢者たちをどのようなケアが支えているのかを紹介してきた。寝たきりや身体に不随を抱えた人が自宅独居を続けるためにはたくさんのサポートを必要とする。また、在宅介護サービスを他の利用者よりも多く要求する人びとがいる。トイレ介助のために安全電話のボタンを押す人びともそうだ。今のところ、ケアワーカーたちは時間の余裕がある時であれば少々「面倒くさい」要求であっても鷹揚に受け止めている。

だが、ソテ改革や民営化の波は群島町にも押し寄せている。ケアサービスを商品とする動きは、サービスの内容や価格をはっきりと定義し、少しでも効率的に業務を行うことを要求する。それはとても新自由主義的な、これまでの北欧型（つまり社会民主主義型）の

福祉国家とは異質な論理である。それが「顧客中心」という標語によって正当化され、推し進められてきたのである。

「これが選択の自由なんでしょ」ソテ改革のワーキンググループについて話していると、親族介護支援担当のハンナは言った。「これまではシステムに基づいて、例えばこうしなさいと言われた通りのことを親族介護者はやっていたわけだけど。ソテの良いところは一人一人の小さな人間を中心に置くところよ」

だが、安全電話の担当者ピーアが予言しているように、例えばボタンを押すたびに支払いが発生するようになれば、少なくともトイレ介助依頼は激減するだろう。現在ほど安全電話が雑多な呼びだしを引きうけることは難しくなっていくかもしれない。

ただし、強い選択をして安全電話のボタンを押す人びとがまったくいなくなることもないような予感がしている。なぜなら、人びとの生活状況の多様性も、私は在宅生活を続けたい、おむつは嫌だ、といった強い意思も、制度の変化によって覆すのは難しいことではないかと思うからだ。だとすれば、いつか来るかもしれないソテ改革以後も、群島町の人びとが求め、群島町の人びとが提供するケアは、偶有的で独自の形を取っていくだろう。なぜならば、新自由主義的な体制がもたらす自由がどんなに性質の異なるものであったとしても、群島町に根づいてきた古い形の自由とどこかで入り混じっていくからだ。そして、新旧の自由がぶつかるときに、人びとは自らの旗幟《きし》を鮮明にする。

「じゃあ選択の自由がソテ改革の目的なの？」という私の問いに、「まさか！　お金を節約するためよ」と、ハンナは否定した。「それ（平等と節約）って両立するの？　規模を大きくするとコストがかさむ気がするんだけど」「そこをみんな心配しているのよ」

それでもハンナはソテ改革を肯定的に捉えようとしていた。自分に与えられたタスクにポジティブに取り組もうとしているのだろう。「平等は人間の基本的なニーズでしょ。平等はいつだっていいことだわ」

私は、それがとても北欧的なロジックだと思うと感想を伝えた。「でも、アメリカだってそうでしょう？　トランプ大統領になって、オバマケアがなくなるとしても、その動機は平等なんでしょう？」というハンナに、「平等っていうか努力が報われることが大事なんだと思う」と答えると、ハンナは信じられない……というように頭を振っていた。

都会から押しよせてくる新自由主義的な改革の波がいつか群島町を完全に飲みこんでも、人びとは自由と平等の価値を等しく抱き続けるのだろうか。この点についても、未来は今のところ不透明である。

第5章　記憶

1　認知症と社会

思い出の本をめぐる話

「思い出の本」(minnesbok/muistokirja) の存在を知ったのは、同世代の友人でケアワーカーでもあるヘイディに、私の本にも書いてくれない？　と頼まれたからだ。彼女は小学生の時から「思い出の本」を持っている。日本で言うところの寄せ書きに似ているのだが、寄せ書きと違って特別な機会に作るものではなく、生涯を通じて出会った人びとに書きこんでもらうためのノートであるらしい。左側に雑誌から切り抜いたイラスト等のコラージュを貼り、右側に名前と数行の詩的な文章を書くというのが基本形である。現在四十代である彼女の世代で思い出の本を持っている人はほとんどいないし、ヘイディのお母さんの世代でも珍しいという。思い出の本はヘイディのお祖母さん、つまり戦前に青春時代を過ごした世代の女性にとってポピュラーな風習であったのだ。

一人につき見開き二ページを使うので、分厚い本とはいえページ数は限られている。つまり思い出の本に記帳してもらうということは友情の証になるし、また人生の中で出会った特別な人に書いてもらうこともあるようだ。ヘイディの場合は小学校の担任の先生や校長先生、群島町高齢者ケアユニットのギアや同僚のサガルにも頼んだという。

思い出の本に書きこまれるのは、大抵の場合は定型句だ。詩の引用が多く、ヘイディの本にも例えばマザーグースの「バラは赤い」からのフレーズが何回か使われていた。とはいえ、ヘイディの中学時代に書きこまれたページには一ページに複数人が寄せ書きしていることもあるので、厳密なルールではないのだろう。Party! と凝ったレタリングで大書きされているページもあって、ティーンエイジャーらしく微笑ましかった。

以前は思い出の本に自分自身が創作した詩を載せる場合もあったようだ。九十代の女性であるヒルッカの保管する思い出の本のうちの一冊は、若い頃に親友が一人で完成させたという特別な贈り物である。その後スウェーデンに渡ってしまったという親友がくれた本には、詩人のヴェルネル・フォン・ヘイデンスタムや十九世紀のフェミニストであるフレデリカ・ブレーメル、スウェーデンのヴィルヘルム王子などの残したフレーズに加え、親友自身の詩が載せられている。

ヘイディの思い出の本。

親友とヒルッカはその後も海を越えて互いに訪問しあったり、電話をしあったりするという方法で交流を続けたという。ところがある時期から音信不通になり、心配したヒルッカはヘルシンキの救世軍（キリスト教系の慈善団体）に依頼して親友の行方を探してもらったそうだ。救世軍の捜索により、親友はスウェーデンの老人ホームに入居していることが分かった。

どういう経緯でそこ（老人ホーム）へ入ることになったのかは知らないわ……彼女に親戚はいなかったし。彼女と話していて、少し認知症があることに気づいた。（認知症に）なりかけていたの。彼女はこう言ったわ「私は背中に問題があって、ちょっと仕事を休んでいるの。私はストックホルムの宝くじ屋で働いているのよ」だから彼女は自分がストックホルムにいると考えていたのね。

（中略）

それから彼女はこうも言った。「私は群島町に帰ることも考えているの。私は未亡人だし、私の母もそうだから」だけどそのお母さんっていうのはもう何年も前に亡くなっているのよ。

（中略）

彼女は記憶していた。例えば「あなたのことを覚えているわ、旧入り江通りのヒルッカ」って。でも、それからしばらくして、彼女はもう忘れていた。次に一度電話した時、「ヒルッカよ」と私が言ったら、「あなたのことを知らないわ。あなたが誰なのか覚えていない」と彼女は言った。（中略）それからしばらくして、彼女は亡くなった。それで、葬儀社が私に手紙を書いたの。私の名前を見つけて、こちらに彼女の親戚がいるか教えてくれないかって。

ヒルッカの思い出の本に載せられた文章のなかで、どれがオリジナルの詩なのだろう。「きっとこれね」と私に同行していたディアコニのベリットが読み上げたのが以下のフレーズである（ヒルッカは長年にわたって年金生活者のキャンプに参加しており、ベリットとも親しかったのでインタビューに同行してもらったのだ）。

喜びと幸せを混同してはいけない
喜びは煩い。笑いとたくさんの言葉からできている
でもなぜ笑っていたのか　すぐに忘れてしまう
幸せは静かで、時に控え目だ
たくさんの言葉や大げさなやり方なしにあなたの奥深くに入りこんできて
年月も決してあなたの幸せの記憶を引き抜くことはできない

幸せの記憶は年月によっても奪われることはないという親友の言葉は正しかったのだろうか。それとも、ヒルッカの語りは若者には想像もつかないような歳月の皮肉さを示唆しているのだろうか。親友が電話口のヒルッカを認識できなかったとしても、彼女の記憶が完全に「引き抜かれてしまった」のかどうかはわからない以上、私には何とも言えない。

老いと忘却はしばしば結びつけて語られる。だが同時に、記憶して語ることもまた、高齢者にとっては親しみ深い行為である。どうして覚えていることと忘れることは人生の同じ時期に浮上するのだろう。それらはどこまで個人的な行為であり、どこまで集合的な営みであるのだろう。そうした個人性／集合性は、どれくらいフィンランド／群島町に特有の様態であるのだろう。この章では、認知症とそのケア、そして認知症をわずらう人びとについての描写から、老いと忘却、そして記憶の集合性について考えていきたい。

「記憶の問題」

フィンランドでは、認知症を抱える人々のことを「記憶の問題（minnesproblem/muistiongelmat）」があると口語的に表現することが多い。これは、認知症やアルツハイマー症候群、さらにストレスや不眠といった様々な要因から引き起こされる症状を総称する表現である。実際のところ、認知症は記憶の喪失や混濁だけが主症状ではない。見当識（時間や場所の認識）や理解力・判断力も低下するし、妄想や抑鬱、睡眠障害を経験する人もいる。にもかかわらずフィンランドにおいて「記憶の問題」がフォーカスされるのはどうしてなのだろうか。

『インドにエイジングはない』（No Aging in India）という本を執筆した人類学者のローレンス・コーエンは、インド社会においては年を取ることで怒りっぽくなるといった感情的な変化こそが「老衰（senility）」の中心的な問題として受けとめられてきたと指摘している〔Cohen 1998〕。これはフィンランドをふくむ欧米の「専門書・大衆文学の双方において、そしてアルツハイマーの表象において、記憶は、老いていくことを体現する必要十分な指標となっている」〔Cohen 1998：126〕ことと対照的である。つまり、認知症やアルツハイマー症候群といった病気のどのような部分を問題視するかは地域によって異なるし、その地域の価値観や道徳が映し出されるということだ。生物医学によって定義されるからといって、病気は世界各地でまったく同じように診断・治療されているわけではなく、ましてや病気をめぐる理解や経験は多様なのである。

では、フィンランドで認知症が「記憶の問題」と呼ばれることにはどのような意味があるのだろうか。それだけ個人の記憶が重視されているのだろうか。二〇一二年、フィンランドの社会保健省は「ナショナル・メモリー・プログラム」を発表した〔Sosiaali-ja Terveysministeriö 2012 ; Finnish Ministry of Social Affairs and Health 2013]。この二〇一二年から二〇二〇年までの認知症に関わる政策目標をまとめた文章の中で、フィンランドが〝メモリー・フレンドリー〟な国を目指すことが宣言されている。〝記憶に友好的〟とは奇妙な表現に思えるけれども、具体的に掲げられた以下の目標を達成することを意味しているという。すなわち、①脳の健康増進、②脳の健康、認知症治療とリハビリへのよりオープンな態度を育成する、③時宜を得た支援・治療・リハビリ・サービスによって、認知症の人びととその家族に対してより良いクオリティ・オブ・ライフを保証する、④研究と教育を増進する、という四つの目標である。

このプログラム自体は、公衆衛生と国民経済の観点から認知症戦略の必要性を謳った欧州議会の宣言を受けてのものであり、フィンランド独自のものというわけではない。また、早期発見・早期対応、容態に応じたクリニカルパスの確立といった方針は、日本の新オレンジプランとも重なっている。ただ、プログラムが掲げる以下の二点の方針は、フィンランドの社会福祉制度を支える思想と、そして特に二〇〇五年ごろから加速している医療・社会福祉制度の構造改革の方向をうかがわせる。

まず、ナショナル・メモリー・プログラムでは認知症患者に対する在宅介護の重要性が強調されている。二十四時間の施設介護を受ける人びとの八〇パーセントが認知症と診断されていること、これらの施設介護が在宅介護と比べて二・五倍のコストがかかっている

という データが示された上で、「ホームケアサービスを向上させることは、費用対効果の高い方策であり、患者のクオリティ・オブ・ライフを高め、彼らの二十四時間ケアが必要となる時期を遅らせる」［Finnish Ministry of Social Affairs and Health 2013 : 7］と明言されている。

プログラムのもう一つの特徴が、予防の可能性の強調である。特に、認知症男性の八パーセント、認知症女性の二パーセントがアルコール性認知症であることが冒頭に述べられており、「脳の健康は、頭の回転を維持し、身体的・社会的に活発であり、健康な食事を取って健康的な体重を維持し、高血圧とコレステロールを効果的に抑制し、向精神性の物質と煙草を避けることによって増進される」［Finnish Ministry of Social Affairs and Health 2013 : 9］とされている。「社会的に活発」であることが認知症を予防するために重要であると述べられているように、孤独な引きこもりを警戒していると思われる。また、「向精神性の物質」とは、フィンランドでは長年アルコール依存症が社会問題として扱われてきたことを考えれば、ドラッグだけではなくアルコールを意味しているのだろう（ただし、フィンランド人のアルコール消費量は国際的に突出して多いわけではない。二〇一六年の年間消費量は一〇・七リットルで、一三・四リットルのドイツや一二・六リットルのフランスの方が遥かに多い［WHO 2018 : 341-348］）。

こうした国家の政策からは、それぞれの地域において何が社会問題として把握されているのか、という自画像を読み取ることができる。全体として、フィンランドの認知症政策は、病因としての飲酒に特別な注意を払いつつ、在宅介護を主軸としながら孤住のネガティブな効果を回避しようとするものである。また、「記憶」や「脳」を強調しているのは、一つには、「記憶の問題」や「記憶障害」といった表現を認知症と併記することで、全年齢層において様々な原因から生じる障害を網羅しようとしていると考えられる。さらに、記憶の在《あ》り処《か》としての「脳の健康」を強調することで、認知症をめぐる言説の医療化を図っていると理解することもできる。

では、このようなフィンランドの認知症政策と比べた場合、日本の認知症をめぐるケア制度はどのように構想されているのだろうか。それは日本社会のどのような側面を反映しており、認知症のどのような側面が問題とされているのだろうか。

「地域」で支える？

日本では二〇一五年一月に策定された「認知症施策推進総合戦略」（新オレンジプラン）が認知症政策の基本方針となっている。ここでは、⑴認知症への理解を深めるための普及・啓発の推進、⑵認知症の容態に応じた適時・適切な医療・介護などの提供、⑶若年性認知症施策の強化、⑷認知症の人の介護者への支援、⑸認知症の人を含む高齢者にやさしい地域づくりの推進、⑹認知症の予防法、診断法、治療法、リハビリテーションモデル、介護モデルなどの研究開発およびその成果の普及の推進、⑺認知症の人やその家族の視点の重視、という七つの柱にもとづいて施策を推進していくという［厚生労働省 2017］。

興味深いのは、「地域づくり」「家族の視点」といったフィンランドのナショナル・メモリー・プログラムにはまったく登場しないキーワードが頻繁に登場することだ。関連して、認知症サポーター、認知症地域推進員、認知症カフェなど地域住民に対する研修プログラムと資格の授与が目立つ。特に認知症サポーターは二〇一八年現在日本に一千百万人以上が登録されている［地域ケア政策ネットワーク、全国キャラバン・メイト連絡協議会 2019］。これは、単純計算で日本人の十人に一人が教育を受けているということだし、フィンランドの総人口の倍以上のサポーターがいるということでもある。なぜこんなにサポーターの数が多いのかというと、企業や学校で養成講座が開講されているからだ。だから全認知症サポーターの二割以上が十代以下であるし、金融機関や小売業といった企業・職域サポーターも百六十五万人を超えるという［地域ケア政策ネットワーク、全国キャラバン・メイト連絡協議会 2018］。

認知症サポーター養成講座では、ＢＰＳＤ（Behavioral and psychological symptoms of dementia）と呼ばれる行動・心理症状に対する偏見のない理解と「温かい目での見守り」が大切であることが強調されている。また、「いざという時に、認知症サポーターが日頃培ってきた、知識や観察眼が生きる」［地域ケア政策ネットワーク、全国キャラバン・メイト連絡協議会 2016：8］という表現は、地域内での相互監視による認知症患者の徘徊防止が目標となっていることをうかがわせる。

にもかかわらず、徘徊による行方不明者の数は二〇一七年時点で一万五千人以上と五年連続で増加し続けているのはどうしてなのだろう。もちろん、認知症患者の増加率（二〇一二年時点で四百六十二万人と言われる六十五歳以上の認知症患者数は、二〇二五年には約七百万人まで増加することが見込まれている［内閣府（編）2017］）を考えると、避けがたい数値であるようにも思える。しかし日本全国に一千万人以上存在するというサポーターはあまり効果がなかったのだろうか。なかば義務的に受けさせられた研修では効果がないということかもしれない。第2章でも取り上げた「世界寄付指数」によると「見知らぬ人を助ける」人の割合は世界百四十四か国中、百四十二位とほぼ最下位に近いことも関係しているだろう。

いずれにせよ、日本の認知症政策では地域住民が患者の行動（BPSD）を見守るということが中心的な対策の一つとして挙げられているのである。つまり、フィンランドのように個々人の「記憶」がキーワードとはなっておらず、代わりに患者の「ふるまい」の方がより問題化されているということだ。また、認知症が医学的な疾病であることを理解することで差別をなくすという普及・啓発も重視されている（認知症患者に対してリスペクトを持って接することを伝える教育は、ナショナル・メモリー・プログラムにおいても重視されている［Finnish Ministry of Social Affairs and Health 2013 : 18］。とはいえ、リスペクトすることと差別しないことの間には多少の距離があるようにも思える）。

では、フィンランドでは「暖かく見守る地域」を醸成しなくてもいいのだろうか。家族は、地域は、制度は、「記憶の問題」を抱える高齢者をどのようにまなざしているのだろうか。それとも、記憶の喪失は「個人的」な問題として抱えこまれているのだろうか。

2　記憶と文化

制度と生活

これまで高齢者ケアについて研究してきたにもかかわらず、この本を書きだすまで、私は認知症と記憶の問題に焦点を絞った論文を書いたことがほとんどなかった（唯一の例外が［高橋 2015b］である）。老年人類学という領域では、認知症に関する研究が数多くあるのにどうしてだろう。それは、群島町の高齢者ケアの現場に認知症をわずらう人がいないからではまったくない。むしろ、あまりにも当たり前に日々のケアワークの一部に組みこまれていたから、そこだけを切り離そうという発想が浮かばなかったのだ。

フィンランドには、認知症を抱えながら自宅で独居する人が多く存在する。そのため、在宅介護において認知症を抱える高齢者のサポートは大きな課題となっているし、群島町でも様々な社会サービスが提供され、工夫が凝らされていた。グループホームは認知症患者に配慮された設計であるし、長期介護施設にも専用の病棟がある。認知症患者を対象とした町立のデイケアセンター（一日の定員は二十二名）もあって、自宅生活者の活動状態の維持やリハビリを支援している。アルツハイマー患者と家族の会という自助グループもある。そして二〇一三年に設立されたメモリーコーディネイターという役職は、人びとがこうした様々なサービスを適切なタイミングで受けられるように、症状や生活状況の変化に対応するクリニカルパスの作成に貢献している。だが、認知症が軽度の場合は、こうした施設や組織を利用せずに自宅に暮らしていることが多い。

認知症を抱えつつ在宅で暮らす人びとと出会う機会となるのが、ホームサービスである。特に夕方シフトに同行する時は、冬季であればしばしば青い靴カバーを渡される。これはビニール製の青い袋で、二つ一組からなっており、土足で室内に上がり込むための道具なのである。夕方シフトのホームサービスは、五時間でだいたい二十軒の家を回る。一か所の滞在時間は五分にも満たない。冬のフィンランドでは凍りついた道を歩くためにごついスノーブーツを履く人が多く、高齢者宅を訪問するたびに靴を脱ぐことが結構な手間になる。だから靴カバーを付けるのである。

ホームサービスの訪問時間が短いのは、それなりの理由がある。夕方シフトのケアワーカーたちは、独居生活を続ける高齢者たちに夕方の薬を渡しに行くのだ。認知症を抱えており、自分で規則正しい服薬ができない人に対しては、ケアワーカーが一日に三回薬を届けなくてはならない。夕方シフトの訪問先だと、自分自身で投薬管理している人の方が珍しいくらいだ。ホームサービスの事務所には利用者の薬箱がたくさん陳列しており、訪問のたびにこの箱を持参して薬を手渡す。利用者が飲んだのを見届けて、少し世間話などをしてから辞去する。この繰り返しだ。

私はこうした薬を届けに行く相手先の人びとを「認知症」だと考えたことがなかった。ケアワーカーたちも、「記憶の問題」があるとは言及していなかった。投薬管理は、夕食を作ったり就寝準備を手伝ったりするのとまったく同列のタスクとしてこなされていたように思う。

ケアサービスの場において対処されているのは、ルーティンの失念だ。忘れている場合は、代わりにケアワーカーが維持しなくてはならない。だが、それは夕食の準備やシャワー介助といった無数のタスクと同列に扱われている。つまり、制度という場において認知症は対処するべきタスクであって、解決すべき問題とはみなされていないのだ。

では、もう少し重い周辺症状の場合はどうだろうか。フィンランドでも、認知症患者の徘徊は発生している。これに対応する部署が、第4章にも登場する、安全電話の応対を受け持つ緊急通報システムである。

＊

二〇一三年十二月。午後十一時四十分ごろ、ナイトパトロールの担当者であるラーケルの業務用携帯にショートメッセージが届いた。ある住宅の玄関扉が開閉されたことをアラームが感知し、自動的にメッセージを送信したのである。

ラーケルはナイトパトロールの事務所から北へ数キロほどいったところにあるタウンハウス（長屋状の住居）が立ち並ぶエリアまで車で急行した。車を降りると、玄関前で煙草を吸っている女性が、彼女に話しかけた。

「ハンナなら、もう家に戻ったわよ。郵便ポストを覗いていたけど。彼女、間違ったポストから郵便を持って行ってしまうから困るのよね」

ラーケルは持参の鍵を使い、喫煙中の女性の隣の家に入った。室内は暗く静まり返っている。寝室のある二階に上がり、問題のお婆さんが寝室で眠っていることを確認した。

認知症のために時間の感覚を失ったハンナにとって、昼と夜の区別をつけることは難しい。正午ごろに届くはずの郵便を受け取るため、真夜中に何度も屋外へ出てしまう。そのたびに玄関に取りつけられた警報が作動し、ナイトパトロールの携帯電話に通報されるというわけだ。郵便を確かめただけで家に戻っていれば害はないのだが、本人が電話に応答しない場合は、確認のために訪れる必要がある。

ナイトパトロールのオフィスに戻ってから、ラーケルはハンナの身上調書を確認した。玄関のアラームが鳴ったとしても、その時点でパトロールスタッフが遠方にいればすぐに駆けつけることはできない。近隣に暮らす親族がおり、スタッフの代わりに確認に行くことを了承している場合、調書へ明記してあるからだ。だが、ハンナには助けてくれる身寄りはいなかった。(［髙橋 2015b］の再掲)

＊

年間を通した日照時間の変化が激しいフィンランドでは、外の明るさによって時間を推測することが難しいために見当識を失うことが多く、夜間の徘徊が起こってしまう。そこで、玄関扉アラームの他にもホームサービスでは認知症の患者に昼夜の区別を伝えるようにしている。例えばドアに取りつけたカードで「昼」と「夜」を表示することで、外に出る前に今は外が昼なのか夜なのかを知らせるといった試みである。

だが、昼夜の区別をつけるだけでは徘徊を完全に防ぐことはできないし、玄関扉アラームも徘徊が起きてしまってから事後的に通報するだけである。だから、それなりの件数の徘徊が発生しているし、私が群島町でフィールドワークをしている間にも何度か徘徊している人びとの探索に遭遇することもあった。

例えばケア付き住宅エリアの夕方シフトのホームサービスに同行中、ケアワーカーの元に徘徊している女性がいるようだという電話がかかってきたことがある。屋外を探したところ、スリッパにパジャマ姿の女性が零下二十度近い屋外をさまよっているのを発見した。ケアワーカーは彼女を部屋に連れ帰り、すぐにシャワーを浴びさせてから着替えを手伝った。彼女自身は重い認知症を抱えており、自分の状態をよく分かっていない様子だったが、かなり危険な事態であったのだと思う。

また、ホームサービス先の利用者が不在であり、慌てて行方を捜したこともある。ケアワーカーと二人で訪問してみると、ドアが開けっ放しで本人は留守にしていた。高層住宅（アパート）に引っ越してきたばかりで以前に暮らしていた一軒家を恋しがっていたから、そちらに帰ってしまったのではないかという推測がなされた。結局、遠くまで行ってしまう前に自転車置き場にいるところをみつけることができたのだが、カテーテルを刺したままの外出だったのでこちらも危険な状態だった。

だが、こうした徘徊の危険さがある一方で、暖かい日中であればそこまで深刻に受け止められない場合もある。デイサービスセンター「老人の家」でボランティアをしていた時のことだ。私は施設長に頼まれ、デイケア部門に来ているレンナルトという男性の付き添いで近所の美容院まで送っていった。ところが、レンナルトがなかなか帰ってこないので様子を見に行ったところ、彼はとっくに立ち去った後だったのだ。施設長のブリータはレンナルトが息子さんの店に行ったのではないかと推測して店に電話したが、来ていないと言う。次にブリータは、息子さんの店は移転したので前の場所に行ってしまったのではないかと推測し、現在は衣料品店になっている場所まで私を見に行かせた。だが、その店にもレンナルトはいない。仕方がないので施設に戻ると、ブリータは「まあ、そのうち帰ってくるでしょう」とのんびりしている。結局、レンナルトは私が立ち去ってから洋品店にやってきたようで、施設の方に電話がかかって来た。

当時、ブリータののんびりとした様子にずいぶん驚いたことを覚えている。何かあったらどうするのか。必死で探さないで良いのか。だが、田舎町の中心部で気候の暖かい日であれば、確かに大きな危険もない。多くの人が互いに顔見知りである状況で、徘徊することそのものが家族にとって恥ずかしいといった感覚がなければ、一刻を争う対応を求められることもないのだろう。

群島町の在宅ケアサービスは、認知症の諸症状について、投薬の補助と、そして起きてしまった事柄への対処しか行わない。それは突きはなした態度であるようにも感じられるけれども、ある意味で明快だし、記憶に問題を抱えながら送る在宅生活を機能させていることは確かだと思う。

では、公的な制度の外部、地域や家族といった関係性の中で記憶の問題はどのように把握されているのだろうか。

地域と記憶

群島町でフィールドワークを行っている間に、私は行政のケアサービスとはかかわらない場所でも、様々な「記憶の問題」を抱える人びとと出会った。その中でも印象深かったのが数日間とはいえ寝食を共にしたリネアとヘレンである。

二人と出会ったのは、第3章に登場する年金生活者のための合宿である。フィールドワークの当初から参加し続けてきた行事だが、二〇〇二年のスウェーデン語教区主催の合宿のことは特によく覚えている。なぜなら、一般の参加者と同室に宿泊したからだ。合宿所の寝室はそれぞれ六人部屋なのだが、高齢者が二段ベッドを使うのは危険なために二人一部屋という体制がとられていた。とはいえベッドはまだまだ余っていたので、私もおまけとしてリネアとヘレンの部屋に入れてもらい、共に寝泊まりすることになったのだ。

リネアもヘレンも小柄な女性で、いつも柄物の綺麗なブラウスを着ていた。二人は自室でもよく同じベッドに並んで座ってお喋りしていた。どちらかと言えば活発なヘレンが主に話し、リネアはいつもにこにこしながら彼女の話に嬉しそうに聞きいっていた。まだスウェーデン語がそれほど得意でなかったこともあり、二人の様子がおかしいことに気づいたのは、確か合宿の二日目になってからだった。

私が居室から出ると、物置部屋の扉の前に二人が立っていたのだ。ヘレンがリネアに言って聞かせるように「もうすぐエレベーターが来るわよ」と言い、リネアは目を見開いて笑顔で何度も頷いていた。しかしこの合宿所は平屋であり、エレベーターは設置されていない。彼女たちは共に認知症を患っていたのである。気がついてみれば、彼女たちが認知症である兆候は他にもあった。鞄の中には何枚も清潔な洋服が入っているのに、毎朝同じブラウスを着ているのだ。たぶん、前日はどの服だったか覚えていなかったのだろう。

こうした状況は、もちろん合宿を取りしきるディアコニたちも認識していた。だが、認知症であるから合宿に参加するのは難しいとは考えていないようだったし、私に対しても気をつけたりケアしたりという対応を求めることはなかった。もちろん、認知症としては軽度の症状だったから許容されていた部分はあると思うけれども、症状に注意して早期発見を心がけるとか、「正常な」ふるまいをうながすといったことは行われていなかったのだ。これはディアコニたちがのんびりしていたということではなく、ヘレンは独居とはいえホームサービスを受けていたし、リネアもサービス付き住宅に暮らしていたので、行政によって状態は把握されているという信頼があったのだと思う。

一方でディアコニたちの方が合宿参加者の容態に注意を払い、能動的に介入していく場合もある。リネアとヘレンと同室だった翌年の合宿では、ディアコニたちは参加者の一人であるドーリスの様子を心配していた。去年と違っているというのだ。去年はずっとアクティブだったのに、今年は合宿所のホールにずっと座っている。立ち上がる時に転んでしまうこともあったし、他の人びととの会話にも加わらないで、じっと座って一点を見つめている。本の朗読会の間も他の人はリアクションがあるのに彼女は無反応だったから、聞いていなかったのではないだろうか。そこで、ディアコニのアグネスが夕食の後でドーリスの隣へ座り、話を聞くことになった。

翌日、アグネスに首尾を尋ねると、ドーリスは最近、自分がぼんやりしていることを心配しているらしいと教えてくれた。この前、蝋燭をつけっぱなしで出かけてしまい、帰ってくると部屋の中が煙だらけになっていたのだそうだ。実害はなかったものの、それ以来彼女は「二度と蝋燭を使わない」と決めたらしい。アグネスに打ち明けたせいか、少し元気な様子が戻っていた。

このように、高齢者たちが落ちこんでおり、精神的に励ます必要があればディアコニたちは介入する。また、ドーリスが行政のケアサービスを受けていなかったことも、モニタリングの必要があった理由であるだろう。だが、行政が把握しており、本人が病識を持っていないのであればあえて問題化はしない。

だからといって、ディアコニたちが高齢者たちのことを突き放しているかといえばそんなことはない。彼らはむしろ高齢者たちが覚えていることについては積極的に評価する。エレベーターの出来事があった翌年は、リネアのみが合宿に参加することとなった（ヘレンは認知症が重篤化したため、施設に入居した）。群島町スウェーデン語教区の主任牧師であるホーカンが屋外で夕方にバーベキューを開催した時のことである。牧師の求めに応じ、参加者たちは古い歌や詩の朗読を行った。歌や詩のフレーズを聴き、もっとも素早く歌いだすのはリネアだったのである。「ね、彼女はすごいでしょう?」とディアコニたちは笑顔で私に自慢した。

後年になって、この時のことを思い出した。きっかけは、本章の冒頭に登場する思い出の本である。どうやら思い出の本は貴重な歴史資料として民俗学などの研究対象にもなっているらしい〔Henriksson 2007〕と知って、資料として保管されている思い出の本を探すことにした。高齢者たちの暮らしをよく知っているディアコニのベリットに相談したところ、リネアの名前が挙がったのである。彼女の思い出の本コレクションは有名で、書籍としてまとめられているという。さっそく群島町立図書館へ出向いたところ、今から三十年以上も前に出版されたというリネアの思い出の本が置いてあり、そこには詩や格言が何百個も掲載されていた。

リネアの忘却ではなく記憶が群島町の各地に本として残され、教区の合宿という集合的な催しの成立に貢献していた。これは何も意外なことではない。人類学や社会学において、記憶は私的な問題ではないと考えられてきたからだ。「集合的記憶」という概念を用いて記憶の社会的枠組みの存在を論じたアルヴァックス以来〔アルヴァックス 2018〕、個々人の思考や想起はその人が所属する様々な集団と結びついていると考えられてきた。例えば災害の経験を共有するための試み［木村 2013］や、日常生活の中で形成される紛争の経験［酒井 2015］は、集合的に生成される営みとして「思い出」を描いているとも言える（こうしたアプローチの背景には、文字に残された公的な「歴史」と個人の中に保持される私的な「記憶」を対立的なものとしてとらえることへの疑念がある。特に「無文字社会の歴史」［川田 1976］についての研究は、歴史が口頭で伝承され、生きられるものであるような［山口 2011］、歴史と記憶が不可分な生活世界を描いてきた）。

リネアやヘレンの「思い出の本」という慣習も、失われつつあるとはいえ思い出を残すための集合性を持った実践であると言えるだろう。だからこそ、年金生活者たちの合宿にやってくる認知症をわずらう人びとは、忘却の内容よりも、保持し続けている記憶を共有するのだろう。

家族と忘却

ここまで見てきたように、記憶の問題について、行政や地域はある意味でポジティブな対応をとっている。では、高齢者を介護する家族にとってはどうだろうか。第２章でも述べたように、フィンランドでは家族を介護することは当たり前の社会的な義務ではない。

敢えて行う人に対しては親族介護者として行政や第三セクターによる支援の手が差し伸べられる。精神的につらければ途中でリタイヤして公的ケアにゆだねることができるし、赤十字や教会が組織する自助グループもある。日本と比べればはるかに恵まれた状況であるような気がしてしまうのだが、フィンランドの親族介護者たちは精神的な負担を感じずに近親者の介護を行っているのだろうか。

九十代の母を介護するアンニカは、家族を介護するなかで何が大変なことであるかという私の問いに対して、時おり沈黙し、時おり涙ぐみながら次のように答えた。

そうね、たぶん……身体的なこと、大便のついたオムツを取り換えるってことにも慣れないわ。(中略)でももっと悪いのは、母が母じゃないってことで……時々彼女は聞いてくるのよ。私たち(母と娘)のどちらが母親かって、私が母親かって……たぶん、過去のことを忘れてしまうと、そういうことも忘れてしまうんでしょう。(中略)それからもう一つのことは……近い親戚とは言わないけれども、たぶん遠い親戚は記憶の病気に向き合えないの。彼らはそれが何を意味するか理解できないのよ。自分自身の経験ではないから。

アンニカは親族介護者としてレスパイトケアサービスを利用しているし、ホームサービスも一日に三回訪問している。アンニカの家と同じ敷地に建つ母親の家には玄関扉アラームがつけられており、母親が外に出たという通報があれば緊急通報システムの担当者が確認しに行く。それでも介護の暴力性はアンニカを傷つけているし、自分が自分であるとわかってもらえないことはつらい。

同じく母親を介護するアンネも、「記憶の問題」を介護の苦しさとして語っている。「彼女にどこに住んでいるのって尋ねると、子供のころの家のことを答えるのよ。それから、母は目を覚ますと以前に住んでいた家の隣人の名前を叫ぶの」アンネによれば、母を介護していない彼女の姉妹は、こうした記憶の問題の進行をあまり認識しておらず、そのつらさを理解してくれないのだという。アンニカやアンネの辛さは、忘却それ自体だけではなく、周囲の人びとが理解してくれないという感覚によって増幅されているように思う（例えば広瀬［2010］によると、日本の家族介護者にとっても、家族・親族が自分の気持ちをわかってくれないという「人間関係の困りごと」［広瀬 2010：59］は、介護経験の否定的評価につながっているという）。だが、人間関係を失念すること、他者を認識することの障害は、家族によってどのように受け止められているのだろうか。

私が群島町でフィールドワークを始めてから二十年近くが経過した。その間に認知症と診断され、症状が進行していった人がいる。その様態を周囲の家族はどのように見つめていただろうか。

＊

アルフレッドとインガの夫婦は「老人の家」のすぐ近所の高層住宅に暮らしていた。アルフレッドが六十歳の時に引っ越してきたというから、退職後に一軒家を売り払って町の中心部に引っ越すという典型的なライフコースをたどってきた人びとである。私が夫妻と知り合ったころは、二人とも七十代の中盤でとても健康だった。趣味は海外旅行にスキー、たまに寒中水泳もするというアクティブさだった。子供はいない。いつも朝一番に二人で仲良くデイサービスセンター「老人の家」を訪れ、そこでコーヒーを飲んでから出かけていくということを習慣にしていた。二人は午後にも老人の家を再訪し、アルフレッドがトランプのゲームをしている間、インガは他の女性たちとお喋りしていたものだ。

若い頃は船乗りをしており、その後も造船会社で働いていたというアルフレッドは海に関係する事物が好きで、私にもよく船に関するスクラップ記事や写真を見せてくれた。彼との会話中に出てきた「平目」(flundra/kampera)という単語を知らなくてメモを取っていたら、後から近所の魚屋で売っている平目のぬいぐるみを私にくれたこともある。

二〇〇二年に最初の長期フィールドワークを開始したころは夫妻と毎日顔を合わせていたし、その後も追加調査で訪れるたびに老人の家で彼らと再会していた。だが、博士論文や妊娠・出産・子育てで二年ほど群島町を訪れることができない時期が続き、二〇一二年に群島町での調査を再開した時、彼らの様子はすっかり変わっていた。

　ハンドクラフトのイベントが開催されるというので老人の家を久々に訪れると、デイケアパートの人びとの他に、女性が五人、男性が三人、共用スペースに座っていた。その中にインガとアルフレッドもいた。アルフレッドは誰とも会話せずに、一人で新聞を広げている。だが、インガによれば彼は新聞が読めているわけではないらしい。最近、転んでしまったそうで頬にあざがあり、どこか不安そうな表情をしている。誰もアルフレッドに話しかけない。周囲に悪気があってのことではなく、ただちょっとでも話しかけにくいとためらってしまうのだと思う。そのうちそれが当たり前になって、空気のように無視してしまうのではないだろうか。アルフレッドも黙ったまま座っている。

　イベントの途中でアルフレッドが不安をあらわにすることがあった。インガはひっそりと辛そうにアルフレッドを抱きしめていた。後からインガは私に、「それでもそんなに大変じゃないのよ、彼はとっても害のない（kirrti : fin）人だから」と何度も繰り返した。

「週に七日間深夜勤務しているようなものよ。夜に最低でも三、四回は起きてしまって、そのたびに連れ戻さないと転んでしまったりするから」インガにとってはゆっくり眠れないらしい日々が続いているようだった。

　アルフレッドは毎朝老人の家を訪れて時間を過ごし、週に二回は認知症患者向けのデイケアセンターにも行っている。ショートステイも頻繁に利用しているということだったが、それでもインガの大変さは十分に軽減されているわけではないようだった。

＊

アルフレッドのアルツハイマー病が進行するなか、インガは自身を親族介護者として登録し、認可された。これによってレスパイトケアが受けられることになる。当時の私は親族介護支援サービスの同行調査を行っていたのだが、レスパイトケアの訪問先にアルフレッドとインガ宅も含まれていた。

午後一時。私はレスパイトケアの担当者であるマイラと共に、アルフレッド・インガ夫婦の家を訪れた。インガは私たちを出迎え、今日のアルフレッドの状態などをマイラに説明した。その間、アルフレッドは少なくとも五分に一回は「いつ帰ってくる？」とインガに訊いていた。そのたびに彼女は辛抱強く「二時半までには帰ってくるわよ」と答えていた。十五分ほどして、ちょっと散歩してくるわねとインガが出かけていく。

我々がソファに腰を下ろしたところで、マイラはアルフレッドの家族写真が印刷された冊子状のアルバムを取り出し、アルフレッドに「これは誰か分かる？」と尋ねた。アルフレッドはお母さんの写真を見ても誰なのか覚えていない。「数週間前には分かったのに。アルツハイマーが進行してるわ」と、マイラ。

とはいえ、写真の下には名前が書いてあるので、そちらを読めば誰なのか分かる。アルフレッドは、「これがママでこれがパパで、これが弟たち……」と三人の兄弟の名前を何回も何回も確認している。それから小さい妹がいた。死んでしまったけど、と呟く。名前は？　とマイラに尋ねられ、「分からない。彼女は五歳で死んでしまった……」と、アルフレッドは答えた。彼は一時間近くも二冊のアルバムをためつすがめつ眺めていた。その間、マイラと私はただアルフレッドの横に座っている。ホームサービスとは違い、レスパイトケアでは既定の時間を共に過ごすことが重要なのである。

午後二時二十分頃、インガが一時間ほどで帰ってくる。本当は三時までの予定だったのに、ずいぶんと早い。インガとマイラが立ち話をするあいだアルフレッドはキッチンの椅子に座って広告や請求書をずっとながめていた。私とも室内で育てる草花の話などをした。

マイラとアパートを辞去することになり、振り返ってアルフレッドの方をみると、彼は架空の帽子を持ち上げて挨拶する仕草をしていた。十年前、老人の家でやっていたのとまったく同じように。だが、マイラもインガも、アルフレッドは変わってしまったと言う。

「彼の世界が全部なくなってしまったみたい」

外部者であるせいかもしれないが、私には昔のアルフレッドと現在のアルフレッドはつながっているように思えた。以前から彼は昔話をするのが好きだったし、喋り方も仕草も変わらないからだ。とはいえ、アルフレッド自身も失われつつある記憶が零れ落ちないように拾い続けていたのかもしれない。だからアルフレッドは、アルバムを通じ、自分の記憶の中をさまよっていたのだろう。

＊

その後、アルフレッドはサービス付き住宅エリアに開設された認知症患者向けグループホームに入居した。私はインガと共にアルフレッドの自室を訪問した。グループホームの収容可能数は七人（一人部屋五、二人部屋一）で、こぢんまりとした家庭的な施設である。

到着すると、インガはまずスタッフの詰め所に顔を出した。アルフレッドがまだ休んでいるか見てみましょう……とスタッフはアルフレッドの部屋を覗いた。彼が既に起きていることを確かめ、私たちを残して詰め所に帰っていく。インガはアルフレッドを起こし、靴をはかせた。

それからインガは共用スペースのコーヒーメイカーを使ってコーヒーを入れた。コーヒーを入れる前にスタッフがいないか探したが、誰もいなかった。アルフレッドの自室にストックしているクッキーを一緒に食べつつお茶をする。飲み終わると、今日は良い天気だということで外を散歩することになった。近所の中央公園の湖のほとりまで三人で歩いて行く。

アルフレッドの入居しているグループホームは改築されたばかりで、スペースにもゆとりのある良い場所なのだが、インガは不満を抱いているようだった。例えばアルフレッドの服装について、「彼はもっと綺麗な服を持っているのに、暗い色のシャツとスウェットタイプのズボンをはかされている。アイロンのかかったトラウザーズもあるのに」というように。

アルフレッドが施設に入居しても、インガのケアは終わらない。彼女は金曜日を除く毎日アルフレッドを訪問しているという。「金曜日は私のお休みの日。サウナの日なの。二年前に改築した綺麗なサウナが最上階にあるのよ。それと掃除と買い物をするの」

＊

それからしばらくしてアルフレッドはグループホームで亡くなった。だからインガが認知症を患うアルフレッドを自宅でケアしていた期間は、それほど長くはない。ただ、彼が記憶を失っていく姿を周囲の人びとが息を詰めて見守っていた時期の切迫感を今も覚えている。アルフレッド自身が家族と自分の関係性を記憶に留めようと痛ましい努力をしていたし、インガをはじめとする周囲もアルバムを傍に置くようにして記憶の反芻につきあっていた。

人間関係を失念すること、他者を認識（recognition）することの障害は、認知症患者をめぐる家族関係においてしばしば苦悩として経験される。人類学者のジャネル・テイラーは、認知症患者の介護者に対して周囲の人間が「彼女（認知症患者）はあなたのことがわかるの？」と頻繁に問うと指摘している［Taylor 2008］。自分自身も母親を介護しているテイラーは、そうした問いの背後にある、認識こそがパーソンフッド（人が人であること）の中核要素であるという前提を疑うべきだと主張する。「会話には発話以上のものがあるし、発話には情報の伝達以上のものがある」［Taylor 2008：328］のだから、テイラーが自分の娘だと認識していなくとも母親は会話を通じてテイラーをケアしているのだという分析には希望が込められていると思う。

確かに、アルフレッドの容態をもう少しおおらかに受け止められればインガも楽だったろう。だが、私を忘れないで、という家族の願いは切実なものだ。私自身は、アルフレッドが別人になってしまったとは感じなかったし、昔と同じ人格の持ち主であるように思えた。それはたぶん、私が外部の人間であるからこその感想なのだと思う。あるいは、テイラーのように自分自身の前提となっている思考を疑うことができるなら、認識は問題ではないと言いきれるのかもしれない。

相互認識と記憶の喪失を強く意識するインガの態度は、フィンランドにおいて家族があくまでも私的な領域であることを示しているように思う。彼女は周囲の人びとがどのようにアルフレッドをまなざしているのか、ほとんど気にしていない。あるいは介護というタスクの具体的な重みも、インガの辛さにおいて中心を占めているわけではないようだった。親族介護そのものは、インガ自身も述べているように「仕事」であるからだろう。その意味で、親族介護支援制度は確かに親族介護者をケアワーカーとして位置づけることに成功しているように見える。

だが、その一方で忘却は私的な領域に残されている。だから、群島町の親族介護者にとって、認知症は確かに「記憶の問題」である。前述のテイラーも引用するイスラエル出身の哲学者アヴィシャイ・マルガリート［Margalit 2009］は、記憶の道徳（morality of memory）と記憶の倫理（ethics of memory）を区別している。マルガリートにとって、道徳とは遠い他者に向けたふるまいのガイドラインであり、倫理とは濃密な（thick）関係にある相手に向けたふるまいをみちびく指針である。だから、遠い他者を覚えていることは道徳的義務ではないけれども、親しく、大切に思う人を覚えていることが倫理的に期待される。なぜなら、ケアすることと覚えていることは密接に結びついているからだ。誰かを忘れるとき、人はその誰かのことを気にかけなくなる（ケアしなくなる）。第2章で論じたようにケアすることによって関係性が生まれる一方で、ケアしなくなると関係性は失われる。親族介護者が制度的にはケアワーカーに近い存在であるとしても、彼らのケアを動機づけているのは社会的な役割ではなく、個々人の間で相互に維持される私的な関係である。だからこそ関係性をむしばむ忘却が強く意識されるのだろう。「記憶の問題」は、フィンランドにおいては親族介護という実践を私的領域に引き留める役割をはたしているのだ。

3　まとめ――老いること、忘れること（覚えていること）

欧米社会において、記憶は自立した個人を独自の存在とするための要《かなめ》であると考えられてきた。それに対して人類学は、自己が関係的に構成されるような社会についての民族誌的記述から、そうした考え方を相対化しようとしてきた。では、「エキゾチック」な社会とは違って自立を重んじるフィンランドの場合、やはり記憶は人格の成立条件となっているのだろうか。認知症は記憶の問題であり、記憶を喪失した者の人格は決定的に損なわれてしまうと考えられているのだろうか。

この章で見てきたように、フィンランドにおいて認知症は「記憶の問題」と呼ばれている。確かに記憶は「メモリー・フレンドリー」という認知症政策のキャッチフレーズとして用いられるくらい、病いを象徴する中心的な症状だと考えられているのだ。特に認識の喪失は、親族介護をはじめとする家族間の私的関係の中で鮮明に意識されている。それは共同体において忘却が個人的な経験として触れられずに据え置かれていることと対照的だ。また、行政のサービスにおいては、認知症ケアは高齢者を対象とした社会サービス群のなかに自立生活支援として包含されている。

だから、フィンランドにおいて認知症は意外なほど「社会」問題化されていない。記憶の問題は、独居者を中心とした在宅介護ベースでの解決や、一人一人の予防といった個人的な次元での対処が期待されてきたのである。このような個人主義は、逆説的だが、個人が選びとったものではない。個人の決定と自立を尊重する制度枠組みは、社会によって作り出されているからだ。つまり、忘れることは個人的なことであると集合的に構築されているのだ。

群島町では、共同体的な記憶の領域と家庭的な忘却の領域が棲みわけられている。だが、認知症をめぐる実践は、忘れることと覚えていることが表裏一体の関係にあることも示唆しているように思える。アルツハイマーの症状が進行するなかで、アルフレッドが過去を盛んに想起していたように、忘却されなかった記憶は残り続けるからだ。あるいはエレベーターを待ち続けていたリネアとヘレンのように、外部者が指摘しなければ忘れていることと自体が意識されない場合もある。個々人のなかで、誰かとの関係性において、忘れていることと覚えていることは共に構築される。だからこそ、覚えていることと忘れることは老年期に浮上するのだろう。

イングリッドとブーツと罰を受けた少年の話

この章を締めくくるにあたって、思い出の本の話の続きをしよう。
冒頭に登場するヘイディは、ホームサービスの利用者であるイングリッドにもこの思い出の本への記入を頼んだらしい。すると、彼女は快く了承し、自分自身の本（もちろん、彼女も持っているのよ！　とヘイディ）を開き、そこから適当なフレーズを見つけて、書いてくれたという。

イングリッドは第2章に登場し、クリスマスをひとりで過ごしていることをサガルに心配されていた女性である。彼女の思い出の本を見せてもらえないだろうかと思って様子を尋ねたところ、かなり高齢であることもあり、転倒して町立病院に入院したことを契機に老人ホームへ入居したのだという。

この入居を決定する会議には、帰還担当官、病院の施設介護部門に勤務する医師、親族に加えてヘイディも参加していた。ヘイディと帰還担当官を除く全員が、入院しているイングリッドがこのまま自宅には帰らず施設に入居することを強く推奨したらしい。

「それを聞いて哀しかったわ」とヘイディは私に話した。「医師までが、イングリッドの年齢で一日に二十時間ひとりでいるのは危険だと主張したの。でも、帰還担当官と私は、あの時の彼女の状態なら家に帰れたと思っているの。今は無理よ。状態が変わってしまった。でも、あの時はずっと状態は良かったのよ」私が彼女は自分でご飯を作っていたの？と聞くと、それはなかったという。「でも、自分の身づくろいは自分でしていた。ひとりで立って、歯を磨いていたわ」長期介護施設に入ってから、彼女の状態は悪化した。「たぶん、施設に入ったことで、踏みとどまろうとする気持ちがなくなってしまったのかもしれない」

施設に入居する人の所持品は少ない。思い出の本は持っていないかもしれないと思いつつ、ヘイディと共にイングリッドを訪ねた。彼女の居室はがらんとしていて、本のようなものは何もなかった。記憶障害が進行しているようで、ヘイディのことも覚えていない様子だった。ヘイディは自分がホームサービスから来たこと、私がずいぶん昔にインタビューを行ったことを説明した。そして、先日むかえた誕生日のプレゼントとして、チョコレートコーティングした苺のお菓子、昔風のイラストが付いたカード、そして白い菊の鉢植えをあげた。

イングリッドと雑談していた時のことだ。彼女は小学校時代の思い出を話しだした。アルフレッドという同級生をめぐるエピソードである。

＊

アルフレッドはかなり賢かったの。ほら、彼は……たぶん学校とは違う意味で、たぶんね。でも、彼は馬鹿な事をする連中の一人でもあったのよ。

彼は黒板の後ろに立たされたの。「黒板の後ろに行って立ちなさい、アルフレッド」って先生が言って、それでアルフレッドは、黒板の後ろに行って立たなくてはならなくなった。アルフレッドは黒板の後ろへ歩いて行って、立って、そこにブーツがあった。（黒板の下から）ブーツが見えたのよ。

ほら、ブーツが見えたら、彼はそこにずっと立っていると思うじゃない。それで彼女（教師）が休み時間が終わった時に言ったの。「アルフレッド、さあ出てくるのです」誰も出てこなかった。「いらっしゃい、アルフレッド」誰も出てこなかった。「さては彼は寝てしまっているのね。立ったまま、眠ってしまった。行って起こしてきなさい」彼女はある生徒に告げて、彼が行ってみたらそこにはブーツだけがあったのよ。

アルフレッドはブーツなしで外に行って、それはとてもうまく行ったんだけど、足を痛めてしまった。だから違いはないわね、外に出ていても、（罰を受けて）出ていなくても。ブーツはそのままだった。そこに行ってみて、外に出られること、ここにもう立っている必要がないことが分かったのね。でも、彼はそれが間違いだって思い知ったわけよ。

まるでアストリッド・リンドグレーンの児童文学のようなエピソードは、私に強い印象を残した。イングリッドが施設化されることで思い出の本が失われても、記憶はひょんなことで他者に伝えられる。記憶と忘却を形作るインタラクションは、行政のケアワーカーと家族と地域の人びとという区分によって厳密に分担されているわけではないのだ。

＊

「きっとイングリッドはアルフレッドのことがちょっと好きだったんじゃないかしら」

病室を辞去してから、ヘイディは私にそんな感想を述べた。彼女の推測が当たっているのかどうかは分からない。ただ、そんな想像をさせてしまうような生の輝きがイングリッドの語りにはあった。

自宅で孤独なクリスマスを送っていた彼女は、施設で死を迎える。だが、人は完璧にひとりでいることはできない。イングリッドの背後にも、記憶と忘却を介して常に他者との共在が見え隠れしているのである。

おわりに

群島町で暮らすこと

今年の冬は道がひどく凍っている。一月のはじめに大雪が降り、それが溶けて固まったからだ。

これがもっと北部であれば雪がそのまま積もっているのだろうが、沿岸部はそこまで寒くはないので路面が凍結する。群島町では散布車を使って滑り止めの砂をまいているけれども、日中に気温が上がって氷の表面が溶けると砂は沈下する。それが夜間に再び凍って、朝になると町中にスケートリンクが出現するというわけだ。

太陽を反射する半透明な氷の道はとてもきれいである反面、気が抜けなくて緊張する。

先日は一歩でも足を踏み出したらそのまま坂を滑っていくに違いないという気がして動けなくなることもあった。十六年ほど前に滑って転んで足を骨折して以来、どうしても恐怖心が抜けない。

今回の滞在に子供を連れてきていたらさぞかし大変だったろう。足元が不安すぎて橇《そり》は引っ張れないだろうし、歩くのも危険だし。もしかしたら思い切ってキックスレッジを買っていたかもしれない。

子供を日本に置いて群島町へやってくるのは久しぶりだ。生後八か月の時に顔見世を兼ねて訪問して以来、毎年二回は子供と群島町に滞在してきた（二〇一二年と二〇一三年の冬に夜間介護の調査をするために単身で渡航したのが例外である）。その子供がもう小学生になったのだから、年月が経つのは早い。

この本の内容は、博士号取得以降に行った調査に主に基づいている。妊娠中に学位請求の審査に臨んだので、ちょうど子育てをしてきた期間とも一致していることになる。子供がいないときは、知り合いの所有するアパートを期間限定で借りるなどして一時的な住居を転々としていたのだが、子供がいるとそうもいかずに部屋を借りた。保育園に預かってもらうために子供の社会保障番号も取得した。

フィールドワークのために群島町を訪れても、これまでは苦もなくやっていた事柄のハードルが一気に上がった。特に街中を移動するのが大変になった。第1章にも書いた通り、その日の天気とにらめっこしながら移動手段や所要時間を見積もらなくてはならないからだ。一人で調査していたころの身軽さと比べると、こんなに生活の一つ一つのタスクが大変に感じられるのかと驚いた。

これまで私が出会ってきたお年寄りたちも、厳しい風土における暮らしを慎重な努力の上に積み重ねているのだろう。子供と群島町に来ることで、そうした暮らしの感覚を少しだけ追経験することができたような気がする。

ただし、氷の上を歩くのは私よりもお年寄りの方がずっと上手である。みんな私がカタツムリのような速度でじわじわと移動する横を笑いながらさっさと追い越していく。経験値を考えれば当たり前のような気もするけれども、今まで研究してきた転倒時の緊急通報システムのことを考えると複雑だ。私よりもはるかにバランス感覚を磨きあげてきた人びとであっても何かの瞬間に転んでしまうことはあるし、いつか外出できないほど衰えてしまう日がくるかもしれないということなのだから。

それでも彼らは歩けるうちは歩き続ける。立って歩かなければ、転ぶこともないのだけれども。それは成長する子供の姿を見ながらよく考えたことだ。寝返りも打てない頃は、ただベビーベッドに横たわっているだけだった。もちろん完全に放っておくことはできないにせよ、一瞬でも気を抜いた隙に怪我をするのではないかというような危機感はなかった。体を起こし、歩き出すようになって目が離せないようになった。

歩くことと転ぶこと。正反対に思える動作は表裏一体の関係にある。考えてみれば、この本では一見すると二項対立的な考え方が実践の中に同居する様子を描いてきたのかもしれない。自立を重んじる価値観と、孤独に対する社会的な警戒。他者に対する共感と、他者の感情の強弱を推し量ることへの不可能性を受け入れること。個人を尊重することと、社会という集団による保障。記憶を失う病いと、過去を想起する語り。相反するようにみえる二種類の実践からなるセットは、お互いの領域を形作ることで、群島町において年老いていくことを意味づけている。そうした日本で暮らしている我々にとっては当たり前であるような対立の不在こそが、群島町の高齢者ケアの様態を特徴づけているのだ。

このように考えてみると、他国の社会福祉制度をことさらにほめたたえたり、逆に欠点をあげつらったりすることはあまり意味がないような気がしてくる。そもそも私たちが考える制度の良い点と悪い点が、現地の人にとっても同じ対立軸に置かれているわけではないのだから。もちろんこれは日本の社会福祉制度についても言えることで、他国の制度と比べた良し悪しを判定するような語り口はあまりにも一面的だと思う。わかりやすくて実行が簡単な答えなど、現場には存在しないのだ。

また、この本は制度や技術の一部分だけを元の文脈から切り取って輸入した場合、その結果を予測することはとても難しいということも示している。制度は、その土地に根づいた制度以外の要素と密接に結びついているからだ。例えば群島町でも、特有の気候や地理、家族のかたちや教会をはじめとするローカルな組織における物事の進め方は、自治体における公的な高齢者ケア制度と絡みあっていた。だからまったく同じサービスを日本に導入しても異なる形で展開されることは確実である。

よその地域に対して、憧れや幻滅といった色味を帯びず、淡々とまなざすことはとても難しい。それでも文化／社会人類学が「わかりやすさ」にあらがう学問である以上、放棄することはできないスタンスである。それは単純化することが不可能であるような生活の細部にこだわることからしか達成できない。もちろんこうした生活の細部は無限にあって、いつまで研究しても終わる気がしない。群島町を訪れるようになって十五年以上たっても、いまだに分からないこと、知らないことはいくらでもあるような気がしている。

それでも、〇歳の頃から冬の群島町を訪れていた子供は、いつのまにか雪上を物怖じせずに全力疾走するようになっている。

時はあっという間に過ぎていく。しかも、フィンランドでは高齢者ケア制度をめぐる変化のスピードが加速しているうえに、先行きは非常に不透明である。このまま民営化・市場化・新自由主義化が進み、「北欧型」福祉制度は過去の伝説となるのか。それとも何らかのかたちで大きな福祉国家をはぐくんできた倫理を堅持していくのか。行く末を見守っていきたい。

謝辞

この本を書くにあたって、多くの方々のお世話になってきた。

扉絵を描いてくれたヘレナ・アールクヴィスト、研究のアシストをしてくれたスタッファン・ホルムストロームとメリ・コルホネンについては、特に名前を挙げて感謝を伝えたい。また、ヘルシンキ大学のシルパ・ヴレーデ教授、オーボ・アカデミー大学のエルランド・エクルンド名誉教授には、研究にかかわる多くの示唆をいただいた。駆け出しの研究者のころから彼らと交流を続けてきたことで、フィンランド社会を考察するための多くの視角を得ることができた。もちろん、考察の源となったのはお二人だけではない。研究会等でお世話になっている日本の人類学者の皆さんを含め、私の研究は先人の業績という「巨人の肩の上に立って」（Google Scholor のトップページに載せられた言葉である）いるのである。さらに、青土社編集部の足立朋也さんには二年以上にわたって執筆の伴走をしていただいた。これは当分書き上がらないのではないか……と途中で何度も思ったのだが、挫折することなく何とか形にすることができたのは、足立さんの激励があったからである。プライバシー保護の観点から名前は挙げられないが、群島町の医療・社会介護部門の皆さん、現場で働くケアワーカーの皆さん、そして何よりも私のつたない問いに辛抱強く答えてくれたお年寄りの皆さんには感謝してもしきれない。

この本の土台となった調査・研究を進めるにあたっては、私自身が日本とフィンランドの社会福祉制度に非常に助けられた。特に群島町の保育サービスを利用させてもらわなければ、子連れフィールドワークは不可能だったと思う。短期間の滞在であるにもかかわらず制度を利用することができたのは、ファミリーグループホーム（familjegrupphem/ryhmäperhepäiväkoti）という小規模で短期利用がメインの保育サービスがあったことも影響しているかもしれない。これは、ファミリーデイケア（familjedagvård/perhepäivähoito 日本でいうところの保育ママに近い小規模の預かりサービス）のケアテイカーが病気や休暇を取ったときに、子供を一時的に預かる場所である。つまり、福祉制度の中に例外状況へ対応するための余剰部分が元々あったことで、私たちもスムーズに滑りこませてもらうことができたのだと思う（そしてファミリーグループホームから一般的なデイケア、プレスクール、小学校と制度の階梯をゆっくりと上がっていくことができた）。ここまで何度も書いてきたように、群島町の社会福祉サービスが保育や介護の理想形であるとは私は考えていない。だが、制度を動かす人びとの理解と尽力によって研究を進めることができたのは確かである。

現代日本において、女性が子供を育てながら研究活動を続けることはとても難しい。私にとってそれが可能であったのは、調査地の制度状況と家庭環境がたまたま上手く作用したからにすぎないのだと思う。

それでも私は、女性研究者のあとがきでは「夫や家族からの理解と支援」への感謝が述べられ、男性研究者のあとがきでは「研究に専念させてくれた妻」への感謝が述べられているという非対称性に与したくない。もちろん、どんな家族への謝辞も真情からあふれ出たものだとは思うのだけれども。でも、フィンランドで多くの働く女性と知り合ってきたのだから、少し違った言い方をしてみようと思う。

本の論旨についてははっきりと意見を述べてくれた母、辛抱強く論点整理につきあってくれた夫の門田岳久氏に感謝したい。理解や支援、家事や子育ての分担といった「当たり前」のことよりも、ともに議論や考察を行ったことを強調したいと思う。そして息子の輝穂くん、いつも群島町まで一緒に来てくれてありがとう。あなたがいなかったら、この本はまったく別のものになっていたでしょう。

先日、群島町の新聞にイングリッドが亡くなったという広告が掲載された。そこには死者を悼む定型句が添えられていた。

「目は閉じられ、時が来た。私たちの哀しみは深いけれども、あなたの思い出は明るく輝いている。愛と善があなたの道を照らすだろう」

この本に登場するお年寄りたちは、ほぼ全員がすでに物故の人となっている。この本が彼らの暮らしていた姿を少しでも輝きとともに映し出すものであることを願って、筆をおきたい。

二〇一九年三月

高橋絵里香

参考文献

アルヴァックス、モーリス 2018『記憶の社会的枠組み』鈴木智之(訳)、青弓社。

アレント、ハンナ 1994『人間の条件』志水速雄(訳)、ちくま学芸文庫。

インゴルド、ティム 2017「大地、空、風、そして天候」古川不可知(訳)、『現代思想』第四十五巻四号、一七〇—一九一頁。

エスピン＝アンデルセン、ヨスタ 2000『ポスト工業経済の社会的基礎——市場・福祉国家・家族の政治経済学』渡辺雅男、渡辺景子(訳)、桜井書店。

——2001『福祉資本主義の三つの世界——比較福祉国家の理論と動態』岡沢憲芙、宮本太郎(監訳)、ミネルヴァ書房。

大村敬一 2013『カナダ・イヌイトの民族誌——日常的実践のダイナミクス』大阪大学出版会。

小田博志 2010『エスノグラフィー入門——「現場」を質的研究する』春秋社。

川田順三 1976『無文字社会の歴史――西アフリカ・モシ族の事例を中心に』岩波書店。
カワチ、イチロー、S・V・スブラマニアン、ダニエル・キム(編)2008『ソーシャル・キャピタルと健康』藤澤由和、高尾総司、濱野強(監訳)、日本評論社。
木村周平 2013『震災の公共人類学――揺れとともに生きるトルコの人びと』世界思想社。
藏本龍介 2014『世俗を生きる出家者たち――上座仏教徒社会ミャンマーにおける出家生活の民族誌』法藏館。
厚生労働省 2017『認知症施策推進総合戦略(新オレンジプラン)――認知症高齢者等にやさしい地域づくりに向けて』。
コルホネン、カロリーナ 2017『マッティは今日も憂鬱――フィンランド人の不思議』柳澤はるか(訳)、方丈社。
酒井朋子 2015『紛争という日常――北アイルランドにおける記憶と語りの民族誌』人文書院。
笹谷春美 2013『フィンランドの高齢者ケア――介護者支援・人材養成の理念とスキル』明石書店。
椎野若菜(編)2010『「シングル」で生きる――人類学者のフィールドから』御茶の水書房。
シピラ、ヨルマ、マルギト・アンデルソン、ステン＝エリク・ハマークヴィスト、ラース・ノルドランダー、ピルッコ＝リイサ・ラウハラ、コーレ・トムセン、ハンネ・ウォルミング・ニールセン 2003「数多くの普遍主義的公共サービス――どのようにして、なぜ、四つのスカンジナビア諸国で、社会ケアサービスモデルを採用したのか」『社会ケアサービス――スカンジナビア福祉モデルを解く鍵』ヨルマ・シピラ(編)、日野秀逸(訳)、本の泉社。
菅原和孝 2006『フィールドワークへの挑戦――〈実践〉人類学入門』世界思想社。
髙橋絵里香 2010「ひとりで暮らし、ひとりで老いる――北欧型福祉国家の支える「個人」的生活」

『「シングル」で生きる――人類学者のフィールドから』椎野若菜(編)、御茶の水書房、九九―一一二頁。

――2013『老いを歩む人びと――高齢者の日常からみた福祉国家フィンランドの民族誌』勁草書房。

――2015a「人類学者は名探偵か」『月刊みんぱく』第三十九巻十一号、七―八頁。

――2015b「決定／介入の社会形態――フィンランドの認知症高齢者をめぐる地域福祉の配置から考える」『現代思想』第四十三巻六号、二三一―二四五頁。

――2018「先住民と言語的少数派――フィンランドのサーミとスウェーデン語話者」『先住民からみる現代世界――わたしたちの〈あたりまえ〉に挑む』深山直子、丸山淳子、木村真希子(編)、昭和堂、二一三―二一七頁。

――2019a「誰がボタンを押すのか――フィンランドの緊急通報システムにみる要求／提供のダイナミクス」『再分配のエスノグラフィー』浜田明範(編)、悠書館、三九―六二頁。

――2019b「最適化されたケア――フィンランドの社会サービス改革と〝市民‐消費者〟の浮上」『ケアが生まれる場』森明子(編)、ナカニシヤ出版。

武川正吾 2011『福祉社会〔新版〕――包摂の社会政策』有斐閣。

竹沢尚一郎 2007『人類学的思考の歴史』世界思想社。

地域ケア政策ネットワーク、全国キャラバン・メイト連絡協議会 2016「認知症サポーター等の資質向上に関する調査研究事業報告書」。(http://www.caravanmate.com/web/wp-content/uploads/2016/04/H27-do-sup-katsu-report.pdf 二〇一九年三月十日取得)

――2018「企業等における認知症サポーターの養成と地域との連携促進に関する調査研究事業報告書」。(http://www.caravanmate.com/web/wp-content/uploads/2018/04/ef0957c46720ccbad8519db

c4898097f.pdf　二〇一九年三月十日取得）
――2019「認知症サポーターの人数（平成17年度からの累計）」。（http://www.caravanmate.com/web/wp-content/uploads/2019/01/H30.12index01.pdf　二〇一九年三月十日取得）
内閣府（編）2018『平成30年版高齢社会白書』。
パットナム、ロバート 2006『孤独なボウリング――米国コミュニティの崩壊と再生』柴内康文（訳）、柏書房。
浜本満 2005「村のなかのテント――マリノフスキーと機能主義」『メイキング文化人類学』太田好信、浜本満（編）、世界思想社、六七―八九頁。
広瀬美千代 2010『家族介護者のアンビバレントな世界――エビデンスとナラティブからのアプローチ』ミネルヴァ書房。
増田義郎 2010「訳者まえがき」『西太平洋の遠洋航海者――メラネシアのニュー・ギニア諸島における、住民たちの事業と冒険の報告』ブロニスワフ・マリノフスキ（著）、増田義郎（訳）、講談社学術文庫、九―一三頁。
マリノフスキ、ブロニスワフ 2010『西太平洋の遠洋航海者――メラネシアのニュー・ギニア諸島における、住民たちの事業と冒険の報告』増田義郎（訳）、講談社学術文庫。
モンゴメリー、ルーシー・モード 2008『赤毛のアン』村岡花子（訳）、新潮文庫。
箭内匡 2018『イメージの人類学』せりか書房。
山口裕子 2011『歴史語りの人類学――複数の過去を生きるインドネシア東部の小地域社会』世界思想社。
山田眞知子 2006『フィンランド福祉国家の形成――社会サービスと地方分権改革』木鐸社。

ヤンソン、トーベ 1999『島暮らしの記録』冨原眞弓(訳)、筑摩書房。
吉田欣吾 2008『「言の葉」のフィンランド——言語地域研究序論』東海大学出版会。
和辻哲郎 1979『風土』岩波文庫。

Beck, Ulrich & Elisabeth Beck-Gernsheim, 2002, *Individualization: Institutionalized individualism and its social and political consequences*, London: Sage Publications.

Carsten, Janet, 1995, “The Substance of Kinship and the Heat of the Hearth: Feeding, personhood, and relatedness among Malays in Pulau Langkawi,” *American Ethnologist*, 22(2): 223-241.

Charities Aid Foundation, 2018, CAF World Giving Index 2018.(https://www.cafonline.org/docs/default-source/about-us-publications/caf_wgi2018_report_webnopw_2379a_261018.pdf 二〇一九年三月十日取得)

Clarke, John, 2009, “Beyond Citizens and Consumers? Publics and public service reform,” *The NISPAcee Journal of Public Administration and Policy*, 2(2): 33-44.

Cohen, Laurence, 1998, *No Aging in India: Alzheimer’s, the bad family and other modern things*, Oakland: University of California Press.

Erlandsson, Sara, Palle Storm, Anneli Stranz, Marta Szebehely & Gun-Britt Trydegård, 2013, “Marketising trends in Swedish eldercare: competition, choice and calls for stricter regulation,” in *Marketization in Nordic Eldercare: A research report on legislation, oversight, extent and consequences*, Gabrielle Meagher & Marta Szebehely(eds.), pp. 23-83, Stockholm: Stockholm University.

Ferguson, James, 2009, "The Use of Neoliberalism." *Antipode*, 41(1): 166-184.

Finnäs, Fjalar, 2002, "How long do Swedish-speaking Finns live? A comment on the paper by Hyyppä and Maki." *Health Promotion International*, 17(3): 287-290.

Finnish Ministry of Social Affairs and Health, 2013, *National Memory Programme 2012-2020. Creating a "memory-friendly" Finland*. Helsinki: Finnish Ministry of Social Affairs and Health. (http://julkaisut.valtioneuvosto.fi/bitstream/handle/10024/74501/Reports_2013_9_Memory_verkko.pdf 二〇一九年四月四日取得)

Gaunt, David, 1983, "The Property and Kin Relationships of Retired Farmers in Northern and Central Europe," Richard Wall, Jean Robin & Peter Laslett(eds.), *Family Forms in Historic Europe*, pp.249-280. Cambridge: Cambridge University Press.

Gordon, Robert, Andrew Lyons & Harriet Lyons, 2011, *Fifty Key Anthropologists*, London & New York: Routledge.

Helliwell, John, Richard Layard & Jeffrey Sachs, 2019, *World Happiness Report 2019*, New York: Sustainable Development Solutions Network. (http://worldhappiness.report/ed/2019/ 二〇一九年三月二十一日取得)

Henriksson, Blanka, 2007, *"Var trogen i allt" : Den goda kvinnan som konstruktion i svenska och finlandssvenska minnesböcker 1800-1980*, Åbo Akademi University Press.

Henriksson, Lea & Sirpa Wrede, 2009, "Care Work in the Context of a Transforming Welfare State," in *Care Work in Crisis: Reclaiming the Nordic ethos of care*, Sirpa Wrede, Lea Henriksson, Håkon

Høst, Stina Johansson, & Betina Dybbroe (eds.), pp. 121-130, Lund: Studentlitteratur.

Hurskainen, Eeva, 2002, *Aurora Karamzin*, Helsinki: Kirjapala Oy.

Husu, Hanna-Mari & Vesa Välimäki, 2017, "Staying Inside: Social withdrawal of the young, Finnish 'Hikikomori'," *Journal of Youth Studies*, 20(5): 605-621.

Hyyppä, Markku T. & Juhani Mäki, 2001, "A Individual-Level Relationships between Social Capital and Self-Rated Health in a Bilingual Community," *Preventive Medicine*, 32: 148-155.

Jutikkala, Eino, 1963, *Bonden I Finland Genom Tiderna*, Helsinki: Schildt.

Karsio, Olli & Anneli Anttonen, 2013, "Marketisation of Eldercare in Finland: Legal frames, outsourcing practices and the rapid growth of for-profit services," *Marketization in Nordic eldercare: A research report on legislation, oversight, extent and consequences*, Stockholm: Stockholm University.

Leach, Edmand R., 1957, "The Epistemological Background to Malinowski's Empiricism," Raymond Firth (ed.), *Man and Culture: An evaluation of the work of Bronislaw Malinowski*, London: Routledge & Kegan Paul, pp. 119-137.

Margalit, Avishai, 2004, *The Ethics of Memory*, Harvard University Press.

Markkola, Pirjo, 2000, "Promoting Faith and Welfare: The deaconess movement in Finland and Sweden, 1850-1930," *Scandinavian Journal of History*, 25(1,2): 101-118.

———, 2007, "Changing Patterns of Welfare: Finland in the nineteenth and early twentieth centuries," in *Welfare Peripheries: The development of welfare states in nineteenth and twentieth century Europe*, Steven King & John Stewart (eds.), pp. 207-230, Bern: Peter Lang AG/International Academic Publishers.

Mead, William R., 1953, *Farming in Finland*, London: The Athlone Press.
Meagher, Gabrielle & Marta Szebehely (eds.), 2013, *Marketization in Nordic eldercare: A research report on legislation, oversight, extent and consequences*, Sweden: Stockholm University.
Moring, Beatrice, 1993, "Household and Family in Finnish Coastal Societies 1635-1895," *Journal of Family History*, 18(4): 395-414.
———, 2003, "Conflict or Co-operation: Old age and retirement in the Nordic past," *Journal of Family History*, 28(2): 231-257.
Nyqvist, Fredrica, Fjalar Finnäs, Gunborg Jakobsson & Seppo Koskinen, 2008, "The effect of social capital on health: The case of two language groups in Finland," *Health & Place*, 14(2): 347-360.
Saaristoasian Neuvottelukunta, 2009, *Suomi-Saarten ja Vetten Maa.* Helsinki: Työ-ja elinkeinoministeri.
Sosiaali-ja Terveysministeriö, 2012, *Kansallinen Muistiohjelma 2012-2020.* Tavoitteena muistiystävällinen Suomi. Helsinki: Sosiaali-ja Terveysministeriö. (http://urn.fi/URN:ISBN:978-952-00-3224-1 二〇一九年四月四日取得)
Suomen virallinen tilasto (SVT), 2012, *Asunnot ja asuinolot.* Helsinki: Tilastokeskus. (http://www.stat.fi/til/asas/2011/asas_2011_2012-05-22_tie_001_fi.html 二〇一九年四月四日取得)
———, 2017a, *Siviilisäädyn muutokset.* Helsinki: Tilastokeskus. (http://www.stat.fi/til/ssaaty/2016/ssaaty_2016_2017-04-20_tie_001_fi.html 二〇一九年四月四日取得)
———, 2017b, *Perheet. Liitetaulukko 1. Perheet tyypeittäin 1950-2016.* Helsinki: Tilastokeskus.(https://www.stat.fi/til/perh/2016/perh_2016_2017-05-26_tau_001_fi.html 二〇一八年十二月二十八日取得)

———, 2017c, *Perheet. Vuosikatsaus 2016, 3. Lapsiperheissä 39 prosenttia väestöstä.* Helsinki: Tilastokeskus. (http://www.stat.fi/til/perh/2016/02/perh_2016_02_2017-11-24_kat_003_fi.html 二〇一九年四月四日取得)
———, 2018, *Kuolleet.* Helsinki: Tilastokeskus. (http://www.stat.fi/til/kuol/2017/01/kuol_2017_01_2018-10-26_tie_001_fi.html 二〇一九年四月四日取得)
Taylor, Janelle, 2008, "On Recognition, Caring, and Dementia," *Medical Anthropology Quarterly*, 22 (4): 313-335.
Tekes, 2014, *Kotihoito 2020: 10 Askeleen Ohjelma Kotihoitoon.* (https://www.nhg.fi/wp-content/uploads/2014/06/2014_03_25__Kotihoito_2020_-_10_askeleen_ohjelma_kotihoitoon.pdf 二〇一九年三月三一日取得)
United Nations, Department of Economic and Social Affairs, Population Division, 2017, *Household Size and Composition Around the World 2017 - Data Booklet* (*ST/ESA/ SER.A/405*).(https://www.un.org/en/development/desa/population/publications/pdf/ageing/househoho_size_and_composition_around_the_world_2017_data_booklet.pdf 二〇一九年三月三十一日取得)
World Health Organization (WHO), 2014, *Preventing Suicide: A global imperative.* Geneva: World Health Organization.
———, 2017, *Depression and Other Common Mental Disorders: Global health estimates.* Geneva: World Health Organization.
———, 2018, *Global Status Report on Alcohol and Health 2018.* Geneva: World Health Organization.
Ylppö, Arvo, 1923, *Modern som sitt Späda Barns Vårdarinna,* Helsinki: Holger Schildts Förlagsaktiebo-

lag.

【メディア情報】
読売新聞 2018「認知症不明　最多1万5863人」(二〇一八年六月十四日付)。
Aamulehti, 2018, “Sote-Uudistusten Historia Yltää 12 Vuoden Taa - Viranhaltijan arvio soten karikoista: ‘Normaali lainkirjoitus on ollut lähes mahdotonta’.” (二〇一八年三月十日付)
Östrobottens Tidning, 2018, “Vårdreformen Missar Målet och Struntar i Språket.” (二〇一八年一月九日付)
Svenska YLE, 2013, *Dok: Dora från Lammholm.* (https://arenan.yle.fi/1-3908451　二〇一三年十月一日放映)
———, 2016, Skål för Dora från Lammholm!(https://svenska.yle.fi/artikel/2016/12/23/skal-dora-fran-lammholm　二〇一九年三月十日取得)
Väestörekisterikeskus, 2018, Vuonna 2017 yhteensä 1809 samaa sukupuolta olevaa paria avioliittoon. (https://vrk.fi/artikkeli/-/asset_publisher/vuonna-2017-yhteensa-1809-samaa-sukupuolta-olevaa-paria-avioliittoon　二〇一九年四月四日取得)
YLE Turku, 2012, “Epävirallisia jääteitä Saaristomerellä.” (https://yle.fi/uutiset/3-5092306　二〇一九年三月五日取得)
Yle Uutiset, 2016, “Seinäjoelta sairaanhoitoa ruotsiksi? Pohjalaisten päivystyksestä tuli perustuslakikysymys.” (https://yle.fi/uutiset/3-9323098　二〇一九年三月十日取得)

高橋絵里香（たかはし・えりか）
千葉大学人文科学研究院 准教授。
1976年、東京都生まれ。筑波大学第二学群比較文化学類卒業、東京大学大学院総合文化研究科博士課程単位取得満期退学。博士（学術）。専門は文化人類学、医療人類学。フィンランドの島嶼地域をフィールドに、高齢者ケアの人類学的研究をおこなっている。業績に『老いを歩む人びと——高齢者の日常からみた福祉国家フィンランドの民族誌』（勁草書房、2013年）、「誰がボタンを押すのか——フィンランドの高齢者向け通報システムにみる要求／提供のダイナミクス」『再分配のエスノグラフィ——経済・統治・社会的なもの』（浜田明範編、悠書館、2019年、pp.41-63）、「親族と名前——関係している状態をつくるもの」『文化人類学の思考法』（松村圭一郎・中川理・石井美保編、世界思想社、2019年、pp.152-164）等がある。

ひとりで暮《く》らす、ひとりを支《ささ》える　フィンランド高齢者《こうれいしゃ》ケアのエスノグラフィー

2019年4月26日　第1刷発行
2020年6月16日　第3刷発行

著　者　高橋絵里香《たかはしえりか》

発行者　清水一人
発行所　青土社
〒101-0051　東京都千代田区神田神保町1-29　市瀬ビル
電話　03-3291-9831（編集部）　03-3294-7829（営業部）
振替　00190-7-192955

印　刷　双文社印刷
製　本　双文社印刷

装　幀　今垣知沙子

ISBN978-4-7917-7161-5